玛丽 · 埃伦 · 里士满

社会工作全集

The Complete Works of Social Work by

Mary E. Richmond

国家出版基金项目
NATIONAL PUBLICATION FOUNDATION

上海市重点图书

上海文化发展基金会
图书出版专项基金资助项目

贫民中的友善探访：
慈善工作者手册

Friendly Visiting Among the Poor:
A Handbook for Charity Workers

［美］Mary E. Richmond　著
康　姣　主译　张　昱　审阅

华东理工大学出版社
EAST CHINA UNIVERSITY OF SCIENCE AND TECHNOLOGY PRESS
·上海·

图书在版编目（CIP）数据

贫民中的友善探访：慈善工作者手册 /（美）玛丽
埃伦·里士满（Mary E. Richmond）著；康姣主译. —
上海：华东理工大学出版社，2018.6
（玛丽·埃伦·里士满社会工作全集）
ISBN 978-7-5628-5513-2

Ⅰ. ①贫…　Ⅱ. ①玛…　②康…　Ⅲ. ①慈善事业－手
册　Ⅳ. ① C913.7

中国版本图书馆CIP数据核字（2018）第145733号

项目负责　刘　军　牟小林
责任编辑　刘　军　牟小林
装帧设计　肖祥德
出版发行　华东理工大学出版社有限公司
地址：上海市梅陇路130号，200237
电话：021-64250306
网址：www.ecustpress.cn
邮箱：zongbianban@ecustpress.cn
印　　刷　上海盛通时代印刷有限公司
开　　本　890 mm × 1240 mm　1/32
印　　张　6.5
字　　数　112千字
版　　次　2018年6月第1版
印　　次　2018年6月第1次
定　　价　66.00元

玛丽·埃伦·里士满
社会工作全集

贫民中的友善探访：
慈善工作者手册

001

学术顾问

学术委员会

（以姓氏笔画为序）

总 序

华彩百年学术传道
风云世纪专业流芳

转瞬间，社会工作在国际上已经诞生百年，在中国也已经恢复了三十年。在这值得纪念的日子里，我们欣喜地看到"玛丽·埃伦·里士满社会工作全集"由华东理工大学出版社出版了。作为这一项目的发起人之一，我更关心的是社会工作早期经典著作能否得到我国广大读者的认可，并在相关学术研究中起到推动作用。这不仅取决于学界对西方社会工作历史的回顾，更有赖于专家学者对早期社会工作理论的研究。我愿借此机会对里士满的著作及其基本思想进行简要介绍，并对里士满著作的学术价值及其产生的积极影响简单谈些看法，权当抛砖引玉，希望能够引起学界的关注。

19世纪中后期，随着第二次工业革命的逐步深入，急速的工业化、快速的城市化对美国的社会结构造成了不小的冲击，一系列社会问题随之而来。失业、低工资、超时劳动、重大疾病……紧紧纠缠着城市中的绝大多数人。而当时美国的收容救护主义的济贫制度并无太大的改善，遭遇困境的人们普遍缺乏筹措资源和重塑生活的能力。玛丽·埃伦·里士满（Mary E. Richmond，1861—1928）正是身处这样一个贫困问题蔓延和重大疾病滋生的时代。里士满是美国慈善组织运动的领导者，更是一位社会工作理论家。在她的推动下，社会工作专业得以产生，她的学术人生体现了一种从慈善事业到社会工作的转变。

具体而言，里士满的社会工作思想，以及其为社会工作专业化所做的努力体现在以下几个方面。

一、学校教育：社会工作产生的必要前提

就早期而言，里士满所做的努力是希望将前人认为有效的方法解释并传承给将来从事慈善组织事业的年轻人。社会工作教育则成了实现这一目标不可或缺的途径。1897 年，里士满在美国慈善组织和整改会议上发表了她的历史性演讲"应用慈善中学校教育的需要"，呼吁模仿厨师、工程师、图书管理员等应用型职业，在学校里开展专业慈善工作的教育和训练，这成为美国专业社会工作教育的最早倡导。在里士满的努力下，1898 年，慈善组织会社开办慈善暑期学校，为志愿者与友善访问员提供了大量暑期研讨会和培训课程，成立第一所社会工作专业训练学校，并最终发展为哥伦比亚社会工作学院。社会工作教育的开展改变了以往社会工作仅依赖自我反省、自我督促，以及其他随手可得的机会进行简单学习的方法，使其逐步发展成高等学校的专业学科门类，并培育了一批思想先进、刻苦努力的职业社会工作者，为社会工作的专业化发展提供了人才储备。这是从慈善工作向社会工作转变的

必要前提。

二、社会关系：社会工作介入的主要对象

作为一门专业，社会工作首先要明确的是自己的介入对象。里士满将社会工作的介入对象定位为案主的社会关系，并指出："社会工作是对司法、医疗和教育的一种补充。"相较于医生、警察、教师等以微观个体为服务对象的职业，社会工作的独特之处就在于其对社会关系的关注。诚如里士满对个案社会工作的定义，"个案社会工作是一种艺术，用以调整个人与个人之间以及个人与社会之间的关系"。虽然社会工作在产生之初强调以个人为中心，但是与一般的慈善工作不同，社会工作并非只是以个人为中心的救济工作，而是一种以社会关系为对象的服务工作。调查、诊断、治疗，社会工作的每一个过程都渗透着社会关系的作用。在社会调查中，社会关系是信息的主要来源；在社会诊断中，我们要把案主放在一种社会关系里来理解；在社会治疗中，社会关系更是我们介入、调适的主要对象。换言之，里士满预设人处于一种社会关系网络之中，社会关系是案主问题的主要来源，而我们要做的就是改善他们的社会关系，以达到个人与社会的良性互动。

三、行动研究：社会工作理论的源头之本

实践是社会工作的本质属性。社会工作的产生与发展无不与实践活动息息相关。从《贫民中的友善探访：慈善工作者手册》到《社会诊断》，再到《个案社会工作导论》……无不是里士满基层实践智慧的结晶，无不是一个从实践经验上升到理论知识的过程。上述著作主要由个案社会工作实践经验和理论知识结合而成，可以说是一种最早的“行动研究”。一方面，书稿的撰写建立在里士满多年主持、组织、从事慈善组织会社工作的基础之上；另一方面，为了超越个人经验，里士满又收集、整理了当时大批社会工作者的访谈资料、工作记录、实践报告，书中的实例都源自美国各地区社会工作者的原始案例记录。在资料梳理的基础上，里士满又对案例的成功或失败之处进行了批判性反思，进而从中提炼社会工作的方法和原则。她还结合当时刚刚兴起的精神分析理论，形成了社会工作自身的理论体系。因而，行动研究可以被看作社会工作方法、理论产生的逻辑起点。

四、社会改革：社会工作不可或缺的重要维度

很多人认为，里士满深受慈善组织会社宗旨的影响，相信造成贫穷的是个人因素而非社会因素。但事实并非如此，当时美国社会改革的热情支配着整个社会，作为慈善组织会社领导人的里士满也认识到这一点，她认为以个人为对象的服务只是一种缓和策略，无法帮助问题得到真正改善，只有"消除贫困"才是根本途径，只有改革社会结构，才能真正解决社会问题，以实现个人的全面解放。1905 年任职费城慈善组织会社期间，里士满发表了"零售法的改革"一文，表明了她的社会工作理念与基本立场。她将以个人为对象的慈善组织会社和社会改革区分为"零售法"和"批售法"，并指出两者之间存在密不可分的关系。可以说，里士满也是一位社会改革的推动者。她批评市政府的腐败，成立宾州儿童劳动委员会，推动儿童劳动法等改革法案的通过；推动设置青少年法庭及儿童局；推动精神衰弱妇女儿童保护机构立案；推动慈善组织建立合作机制；推动社会立法……对里士满而言，推动社会改革也是社会工作不可或缺的一部分。

里士满的《社会诊断》一书（最早于 1917 年出版）被国际学术界公认为社会工作专业化确立的源头之作，曾经风行许多国

家和地区，并被译成多种文字。虽然我国社会工作已经恢复了三十年，但却未能给予社会工作早期经典著作应有的重视和研究。没有哪个专业的发展可以离开对历史的总结与反思。回顾历史经典，可以帮助我们厘清社会工作的理论来源，找到社会工作的方法论基础，做好社会工作的专业定位。正如社会学需要马克思、涂尔干、韦伯式的人物，社会工作也需要对欧美社会工作发展伊始的奠基人物和经典作品进行介绍、研究与反思，从而为我国社会工作的本土化和专业化研究提供翔实的资料。2017年是里士满最重要的社会工作专著《社会诊断》出版一百周年，也是我国社会工作恢复三十周年。在这样一个特殊的时间节点，以"玛丽·埃伦·里士满社会工作全集"的翻译和出版，致敬社会工作专业创始先驱里士满女士，庆祝社会工作专业化确立百年，希望广大学界同仁可以给予足够的重视与关注！

徐永祥

中国社会工作教育协会会长

国际社会工作教育联盟执行委员

"上海高校智库"社会工作与社会政策研究院院长

华东理工大学社会工作系教授、博士生导师

前言

本书是专为将要从事慈善工作的个体、教会代表或宗教团体所用的指导手册。“友善探访”这一术语并不适用于那些无目的地停留短暂时间、不做出任何努力来改善贫困者状况以及不能成为他们真正朋友的人。友善探访不同于街坊访问，它源于慈善组织，而这当中的某些慈善组织一直致力于培训在贫困地区自愿服务的志愿者，以使其发挥出有效作用。尽管我应因自己所著本书为这些组织提供某些帮助而庆幸，但它并未对他们单独使用而做好准备，因此，未提及参加地区会议探访者所在的组织。

本书提到的建议并不适用于所有探访者的所有工作，将自己全部贡献于慈善工作的友善探访者必须要放弃他们自身的某些利益，这会使他们更有益于使其与需要救济的贫困者成为朋友。这好比词典中的单词一样，单词的某些释义用法将服务于少部分的使用者，而其他释义用法会服务于更多的使用者。

书中除了一般参考文献中提到的内容之外，还将在每章结尾处补充扩展阅读。这些补充阅读并非与主题有关的参考书目。本书虽有不足之处，但主要用于为相关话题的进一步探索提供建议。对于初学者，我认为最好是多描述身边发生的故事。

大家会发现我在接下来的章节中直接引用了关于描写贫困者的文献，但我的写作意图并不止于此。事实上，无论我对慈善工作有什么了解,我的所有观点和灵感,都可以追溯到某些明确的来源。对一些伦敦的慈善组织会社的领袖,对 Octavia Hill 小姐,Bernard Bosanquet 夫人和 C. S. Loch 先生,对我的读者来说,我的责任是巨大的。同样,我也曾得到了 Josephine Shaw Lowell 夫人和纽约其他工作人员的帮助,他们克服难关,在市政滥用改革方面取得了很大进步。此外,还有 Jane Addams 女士在芝加哥建立的赫尔馆(Hull House),他们让我看到了令人钦佩的睦邻友善的力量。然而,我比其他任何教员要感激那些十九年前组织了波士顿友善探访员的慈善团体成员。他们的报告是我最宝贵的信息来源。倘若我没有在此列出在巴尔的摩朋友和同事的名字,并非我忘记了他们,而是铭记于心。

里士满

1899 年 1 月于巴尔的摩

目 录

第一章

概述

很早以前我就依稀意识到英国小说会有一定发展。曾经一度，我竟希望自己投身于此去探寻一二，尽管后来因为太耗力而放弃。这种想法一直在我脑海中闪现，引导着我这样的普通人进入英国小说的世界。尽管这一观点与我谈论的主题看起来没有关系，我还是想斗胆在此引入这一想法，以此来说明另一个与之同等重要的慈善发展运动。

如果有人仔细翻阅两百年以来那些描绘贫困者和不幸者的小说，就会发现，一旦有人急于要知道故事的发展走向时，这个故事就会以一种曲折而吸引人的方式逐步展开。人们可能会发现，小说创作者在早期尝试着把穷人描绘为只是富有的英雄和女主人们行使他们善心的傀儡。人们很可能还会发现，最后当穷人开始推动故事情节发展时，我们首先会表现出一种莫名的感伤。正因如此，在理查森(Richardson)与狄更斯(Dickens)时代，小说艺术创作才会取得了极大的进步，我们应该看到理查森笔下帕梅拉(Pamela)惊人的美德和狄更斯笔下穷人夸张的恶习。

我们首先应感激 Edgeworth 和 Scott，尤其是 George Eliot，感激他们对普通民众扎实的研究，这些着眼于普通民众的研究并没有找借口而遗漏对普通民众不良品质的研究；相反，他们对普通民众做了全面的了解，而这些将是怜悯贫困者最真实的基础。在美国，我们感谢像 Jeweit 小姐和 Octave Thanet 小姐这样认真负责的艺术家，感谢她们对我们同时代缺乏经验之人如实的写照，将我们的怜悯之心放大延伸。关于其最近的发展状况可以在社会类小说得以印证。如果将其看成是艺术品，那么我们看到的大多都是荒诞而扭曲变形的，所以说小说中关于贫困的描写必须以调查的情况为依据。

事实上，当我们将关注点转向解决贫困问题时，我们可以追踪其相似的发展足迹。追踪普通人向慈善意识转换的想法，显然并不是幻想。同样，前行的路途并不总是平坦顺利的，早年间就有许多与我们思想契合的伟大灵魂，然而人们却并没有做出任何努力来采用他们的高标准。粗略地说，至少在英国，几百年来的慈善活动在 16 世纪神圣的节日经文中得到了相当好的总结，正如 Hobson 为他的教徒提供咨询时所说的：

“如若没有尊重，就请不要给予；乞讨者虽略有邪恶，但你终将得报。”

在中世纪，教会鼓励慈善捐赠的主体“作为一种火灾保险”。当穷人被充分考量时，他们也可能被看作拯救施恩者救赎自己灵魂的人。有关贫困的此类看法，要么过时，要么快要过时，但是这种令人伤感的观点，依然非常常见。我们倾向于以一种传统的、遵从习俗的态度来看待贫困者，看到他们自己过得安逸舒服的假象，看到他们了解到我们希望他们一切安好，没有一丝伤痛。换句话说，我们的意图是好的，但他们并不能保证自己总是足够优秀，来引导我们认真对待慈善工作，并将知识与经验紧密结合。

然而，在19世纪末英国和美国慈善事业中有两个非常重要的进展，这两项进展之重要可以和19世纪小说艺术的进步相媲美。其中一个是个人服务意识的增强，这一点在贫困社区中友善探访员的工作中有最好的展现。另一个是社会服务意识的兴起与蓬勃发展，这点在社会和高校生活中得到了最好的体现。

证明这两项进展只是复兴或许是有可能的，在以往世界历史的好几个阶段同样的观点以别的名义被提到过，但在我看来，他们对此已经有了基本认可。

由此，我们可以将慈善活动的进展分为三个阶段：不加以区分地救济、个体性服务和社会服务。在第一阶段，我们做慈善是出于我们的心灵或别的什么来满足我们的情感，第二阶段，是出于单个贫困者的原因，而在第三阶段是出于贫困者所在的阶层。

不加以区分地救济所带来的危险不言而喻，因为针对这一问题已有很多研究，而关于个体性服务阶段和社会服务阶段带来的危险却鲜有提出。这两类服务形式关系紧密，在不影响贫困者同伴，无论好坏的情况下来看待它们是不可能的，同样，在不影响构成社会团体的情况下来解决社会状况也是不可能的，贫困问题必须从这两个方面攻克。因此，虽然我在个体性服务上做了详细描述，但我们必须铭记这一点，除非这项服务被那些优秀市民的工作得以补充，这些市民努力使我们的城市更健康，远离诱惑，他们使我们的学校系统更全面而实用，使我们的慈善工作更有效，除非这公共事业得以推进，否则我们在贫困地区所进行的工作将在很大限度上是徒劳，是白费工夫。

前面我已提到两种服务形式是存在危险的。在与个体贫困家庭共事时，我们很可能会忘记这些家庭是邻区或本社区的一部分，我们没有权利以危害社区的方式来帮助他们。我们总会有某种倾向，认为我们感兴趣的是特殊家庭中的“特殊情况”，特殊情况会造成大量的特殊对待，而这对我们来说，是无法实现的。同样的，一方面由于我们专注于个体，我们就可能夸大在个体身上造成他们贫困原因的重要性。我们可能会过分强调个体身上那些缺乏道德精神恶习的表现，如酗酒、无节制地浪费、懒惰，或者无能，我们中有些人甚至轻率地将贫困者所有的疾病都归因于酗酒或懒惰。另一方面，参与社会服务的某些人常常会夸大那些个体之外造成贫困的因素。糟糕的工作条件和不完善的法律制度似乎是造成他们产生贫困的原因。工作人员可能会说，穷人们的遭遇源于他们自身无法掌握的状况。

事实在于这两种极端之间，贫困的事实是个体原因和社会原因相互作用的结果，因为这样或那样的因果关系导致立场变更，两者乱成一团，无法解开。慈善工作人员与安置人员彼此需要对方，没有任何一方可以担负起在没有对方经验的情况下单独完成工作责任。友善探访员和所有试图改善贫困者家庭条件的人都应欢迎那些在探究贸易状况和其他影响贫困方面的经验之士，但他们不应准许自己被来自中间立场的社会改革的热情倡导而清扫出门。

中间立场者没意识到人的特质是这个复杂问题的核心，富人对穷人的公正与同情应负有义务，穷人是自己命运的主人，对这一点的认识，他们应比我们对这一点的认识意义更大。忽视任何纪律的重要性，是现代慈善事业常见的错误。富人和穷人都是错误社会秩序环境中的受害者。一位政治作家说过，以前，当我们的祖先感到不满时，他们会将不满抛向更远的荒野；而现在，倘若有任何不对劲，我们会哭哭啼啼地冲向华盛顿，要求政府出台解决我们难题的法律。我们的思想中存在对不民主态度不合理的反应。至于慈善工作对它的影响，我们必定会尽自己的绵薄之力来恢复联邦共和体的自力更生与独立。

从这些更普遍的考虑出发，本书中，会将贫困者家园生活的方方面面看作是受到慈善的影响。那么，首先我们来商榷一下，谁是穷困者？如果这是出于富人需要而进行的一项研究，我们应立马意识到这是一个很难去概念化的阶层。富人是指那些在品位、目标、品德，以及恶习等方面大大不同的人群。伟大的、富人阶级的集合体就已包括了像 Shaftebury 勋爵和 Barney Barnato 先生等有着天壤之别的不同人物。贫困者们也一样，任何以帮助贫困者为目的，而又不坦率地承认他们之间是存在广泛差异性的举动，势必最终都会以失败告终。首先，慈善工作者必须摒弃自己原来对于贫困者的传统看法，认为这些贫困者要么是不自爱的需求，要么是不自然的感激。慈善工作者必须明白他对贫困者的态度有可能会使赞助人的立场像 Pullet 先生一样可笑，称呼他侄子 Tom Tulliver"年轻先生"（"Young Sir"）。关于此事，乔治·艾略特评价说："一个小男孩的顺从绝不是一种尊敬你的标志，一旦当你抱着因自己年龄和智慧而使他折服于你，而你因此可以与他取得振奋人心的接近机会时，他十有八九认为你这人相当奇怪，不可理喻。"想当慈善家的人，对自己相当在意，而对他要施善的对象却只有含糊的意识，很有可能也是"相当奇怪"。

如果我的文字是专注于富人，那么我会将他们根据他们对生活的态度分成劳动者和寄生虫，而这种分类对穷人也同样适用。劳动者的人生信条是“我欠世界一种生活”，而寄生虫们的人生信条是“世界欠我一种生活”。当寄生虫同时也是一名贫困者时，我们称其为乞丐。贫困与有被救济资格完全是两回事，贫困者或许是因为环境的压力变得一无所有而被迫去接受救济，然而一个真正的乞讨者，无论他贫穷还是富有，心里都有寄生虫的习性。那么，现在当我们询问自己谁是贫困者时，我们必须做出这样的答复，他们包括各种性格的人——自私者和无私者，崇高者和吝啬者，劳动者和寄生虫。所以，当走进他们当中时，我们会遇见与我们自身完全不同的人性，或者那些微不足道的表面性的不同事物。

对贫困者的基本事实有充分了解的人质疑我们走近贫困者帮助他们的目的，认为我们这样的做法是对个体权利的无礼干预。但持有此类观点的人很少坚持他们的主张。当他们看到苦难时，很有可能提供帮助，尽管这是出于好意的干预，常常会弊大于利，使其成为一种诱惑而非帮助。当人遭遇痛苦和有需求时，我们必须要干预。为什么不能有效干预呢？为什么不能尽全力来清除造成需求的原因呢？

许多真诚的从事慈善工作的工作者感受到，如果社会条件得以极大改善的话，那么对于每一个贫困家庭，都可以派一名志愿探访者，他可以耐心而充满同情心地找出并清除引起救济需求的各种原因。而这类志愿探访者必须具备相应的勇气与自控能力来服务于他所负责的一小部分贫困家庭，这样才会使帮助行之有效。因为，想要了解大部分家庭，明白他们所有的诱惑和困难是不可能的，与朋友一起来帮助每一个有需求的家庭似乎也是不可能的。但如果那些以前没有从事此类工作的人现在做出双倍的努力，如果那些把时间浪费在没有必要的慈善工作的人，认真投身于相关培训和自己负责的几个家庭上，那么如何帮助贫困者的问题将得到解决。

关于这项工作的介绍或许会有很多方式。它或许将雇主、邻居、教会成员这种自然关系关联起来，或将慈善机构所在的办公室关联起来，因为这些社会团体往往专门培训志愿者，还能在探访员与贫困家庭之间建立友好关系。当我们进入贫困者家园时，在自我介绍时，我们没必要像一名入侵者那样。

我已谈论了许多关于从事慈善工作所需的基本素质，有可能会夸大这些素质。有些人认为派那些没有经验的年轻人去贫困社区从事慈善工作是不安全的。事实上，在最贫困的社区有许多优秀的工作人员，这些年轻的工作人员与其他工作人员一样安全。在我一本旧笔记本中，我发现几年前我就已经列出了友善探访员应具备的基本素质——机智和善意。如果机智包含知识，要么出于本能，要么出于需求，那么这一点是站得住脚的。我们不能包容那些提出了我们不明白或努力了还是不明白的观点的人。

针对慈善工作最好的培训必须来自生活本身。如果我们对人类的悲喜情感不感兴趣，如果我们对我们自己的事务既没有判断能力也没有精力，如果生活整体上对我们来说是平淡无奇、毫无益处的，那么没有多少阅读时间会将我们彻底塑造成友善探访者。鉴于机智和友善精神，再加上少许精力，学习和吸取经验可以教会我们如何将这些素质转变成服务他人所需要的最佳品质。阅读必须作为经验的补充，当然也不能完全取代经验。

关于友善探访员进一步的概述会放在最后一章，在接下来的文字中，我会将关注点放在贫困社区的机构组织上而非慈善组织。一家之主可以是市民，是员工，是丈夫，是父亲。妻子、孩子、家庭健康和娱乐、支出与储蓄、救济、教会与贫困者的关系，这所有的一切都将会被考虑其中。本书的重点是探究问题与多方观点，而不是集中精力解决某一个问题。

扩展阅读[①]：

"Individuality in the Work of Charity," George B. Buzelle in Proceedings of Thirteenth National Conference of Charities, pp. 185 sq. "Scientific Charity," Mrs. Glendower Evans in Proceedings of Sixteenth National Conference of Charities, pp. 24 sq. Chapters on "Scientific Charity" in "Problems of American Society," J. H. Crooker. Papers on Social Settlements in Proceedings of Twenty-third National Conference of Charities, pp. 106 sq. "The Causes of Poverty," F. A. Walker in "Century," Vol. LV, pp. 210 sq. "The Jukes," Richard Dugdale. "Tribe of Ishmael," Oscar McCulloch in Proceedings of Fifteenth National Conference of Charities, pp. 154 sq. "The Rooney Family," see Charles Booth's "Life and Labor of the People," Vol. VIII, pp. 317 sq. "Life in New York Tenement Houses," William T. Rising in "Scribner's," Vol. XI, pp. 677 sq. "An Experiment in Altruism," Miss Margaret Sherwood.

① 为便于读者查阅，全书"扩展阅读"部分的图书或文章的格式参考英文原版。

第二章

养家糊口的人

近日，一场大型会议在我们的一个大城市举行，这场会议由6个教会和一些慈善工作者参与，他们被召集起来是为了制订一些计划或者达成一些共同的原则，用以帮助某个接受了多年盲目的慈善救济却没有达到良好效果的家庭。有3个教会作为代表与在场的人们探访和帮助这个家庭已有3～10年。然而，在会议上提出这样一个事实，即这些探访员中没有一个人曾见到那个家庭中的男人，或者曾努力去见他。一个探访员辩解说她一直都知道那个男人一无是处。但幸运的是会议将这些友好、真诚的慈善工作者聚在一起讨论，很有成效，很快这些与会者就承认，那个男人之所以一无是处，部分原因是他们失责。在这本书中，我将不止一次提到暗示的力量。即使这些友善探访员没有关心过那个家庭的主人，他们仍然教给他了一些事情。从他们整个行为准则来看，他一定收到过这种暗示，即他对家庭的忽视是无关紧要的个人私事。

当谈及穷人家庭生活的细节时，我将那些养家糊口的人，或者那些应该承担养家责任的人作为第一考虑对象，因为他总是被慈善工作者尤其是教会人员完全忽视。Bosanquet 夫人写道："几天前，一个教会人员来找我，讲了有关一个小孩子的家庭，他对此非常苦恼。他关注了他们几个月，发现那个女主人很诚实、很努力，也很爱干净。但跟通常情况一样，他对男主人了解很少。他向我保证了一次又一次，说那个家庭很贫穷并且急需帮助。接着我们立刻着手开展工作以确定那个家庭的实际经济状况。结果是，男主人挣 35 美元，交给他的妻子 20 美元，留 15 美元作为零花钱。很明显，如果对他们进行慈善救济，不一定能改善妻子和孩子们的状态，只会使那个男主人将他的工资中更大比例的钱作为自己的零花钱。”①

尽管慈善工作者可能忽视了家庭中的男主人，但还有其他人是明智的。因为他首先是一个选民、病房工作人员、警察或酒吧老板。

关于警察有兴趣成为慈善机构的申请人的例子在警察被允许实施救济的地方轻易可见。在巴尔的摩，警察给穷人分发救济物资，并且他们已形成了在寒冷的冬天接济穷人的习惯。一个打击了很多恶棍和罪犯的警察说，分配救济物资使得他的工作更轻松，因为那些家里曾经收到过救济的恶棍并没有让他很困扰。一个有趣的事实是，在 1893—1894 年的困难时期，各个政治俱乐部争先恐后地向全国范围内分发救援物资。坦慕尼协会(Tammany Hall)的领导足够精明，他敦促其追随者在纽约各

① “Rich and Poor,” p. 211.(注：为便于读者查阅，全书的脚注格式参考英文原版。)

区分配救援物资。

我们能清楚地了解到，有很多大城市的政治腐败现象能追溯到一个简单的事实，即穷人就像是我们自己。他追随着他个人十分了解的领袖，并且他也是被领袖所了解的。他有时是一个贪财的选民，但是更多时候他只是一个无知的选民，天真地跟随那些曾不厌其烦帮助他或者与他在社会交际中交往良好的人，使得他自己跟孩子们忍受肮脏的街道、脏乱的家、拥挤的学校、匮乏的水源、官员的黑名单，以及市政府其他所有压迫穷人的特有的弊端。市政改革问题与所有为改善家庭贫困状况的努力密不可分，并且没有任何慈善工作者能够忽略这个联系。

在《现代民主问题》(*Problems of Modern Democracy*)一书中，E. L. Godkin 先生说："在试图解决城市生活问题时，宗教和慈善人士忽略了城市政治与他们最关心的各种丑恶现象之间的紧密联系，没有什么比这种方式更令人惊讶。所有的教会都或多或少地掌握着穷人的道德状况，慈善协会每年都会花费数十万美元来改善他们的身体状况。1897 年，新教牧师会议在这个城市召开，讨论如何能最有效地恢复工人阶级对宗教的兴趣并促使他们中的大多数人在星期天去教堂礼拜。当然，这些绅士们并没有将增加教会成员的数量作为其最终目的。新教教会并没有像天主教会一样，将所有精神方面的重要的成效归因于亲自参与宗教崇拜。新教牧师要求人们去教堂是希望他们将听到的话语能深深地扎根在他们的心里，即他们能够带来美好生活的事实。因此，在这次会议的辩论中值得注意的是，没有提到任何因为贫穷与无知的外来人口的影响，从而使政治与宗教竞争非常成功的事情。慈善协会同样如此。没人会从他们的演讲或者报告中得到这样一个严酷的事实：定居到纽约的新移民从城市政治中获得的关于美国的是非观念比他们从城市传教士、学校或教会牧师那里得到的要多 10 倍。在贫穷和物质的道德影响方面，牧师和慈善家远远不及政治家，而我相信这完全符合事实。”①

有人说过，在努力与穷人建立友好关系时，最大的不足是缺乏一个共同的话题，但富人和穷人是有共同点的。我们能发现，他们有许多共同的不满，而有什么能比发同样的牢骚更能成为一段友好关系的良好开端呢？另一个与之相关的共同话题是一天的新闻，通常即使是非常贫困的穷人也每天都读报纸。

除了政客、酒吧老板和警察，还有其他人也对那些养家糊口的人有兴趣。如果他受伤，或者他财产受到损害，则有三流的律

① “Problems of Modern Democracy,” Mr. E. L. Godkin, pp. 141 sq.

师为其提供服务，为他制订一个有理由充分但非常昂贵的计划：如果他想要存钱，那就会有不可靠的金融机构准备利用他的无知；如果他想要借钱，就会有需要抵押动产的诈骗者准备让他背负无法承担的利息债务；如果他想要买东西，就会有经销商准备诱惑他购买超出他支付能力的东西，迫使他分期付款，并且准备为他们的商品收取两种价格。所有被创建起来的产业都利用他的不够精明，他的所有努力和摆脱旧框架的行为都被这样的机构掌控着。当然，如果一个人确实需要一个能够耐心地努力通过他的眼睛看世界的朋友，他还需要有勇气告诉这个朋友那个朴素的事实，这就是养家糊口的人。

但是那种描述将会让人误以为穷人除了政治家之外没有其他依靠。他的邻居和同伴们都无法保护他免受我前面提到过的敌人的伤害，但是他们的友好依然是真诚的。邻居们大部分的耐心和长期受苦则是源于他们的房东。那些在贫困地区的商人也是地道的失败者。当一个家庭第一次申请去教堂或者慈善机构时，这通常意味着他们已经接受邻居和小商贩很长时间的最慷慨的帮助，有时候最好的和最周到的慈善就是通过这种方式给予的。一个波士顿工人告诉一个有轨电车的售票员，他不仅在冬天被他的同行们支持着，还会在晚上被他们忠实地照顾着，在结束了漫长的一天的工作之后，每个人会轮流工作。这样的一个小情景告诉我们，我们平时的慈善想法是多么奇怪，就像在一幅中国风的画上，我们能看到在中间的教堂尖顶和在前景部分隐约出现的教堂访客，然而那些可怜的需要救助的对象则无助又孤独，蜷缩在角落里。事实就是，每个生命都有一个背景，如果我们愿意不厌其烦地去理解和领会这一点，即所有的贫困都存在在我们自己的想象中。

当穷人试图在没有知识的情况下行善，他会和我们其他人一样笨拙。著有《工人面对现代慈善的态度》（*The Attitude of Workingmen toward Modern Charity*）一书的 Clarede Graffenreid 女士说："我观察到在矿区大罢工后的一个典型案例。该案例中一个失去双臂的人去乔治斯河流域乞讨时得到了肆意的施舍。这个人是如何残疾的，他是否值得被救助，这些都是无关紧要的。甚至他曾经是否是一个矿工也不重要，他只是在整个矿区乞讨救济物资。现在矿工们没有钱了，因为他们已经拿了 4 月份的工资，而大罢工在 5 月 7 日开始，并且一直持续到 7 月 1 日，甚至一些工人直到后来也没能找到工作。经过两个月或者更久的失业，这些人要么用他们的积蓄维持生活，要么负债累累，或者两者都有。他们希望这种状况能在拿到 7 月份的工资之后结束。7 月下旬，这个没有胳膊的陌生人来到这里，他向这些慷慨的采煤工人索求救济，没有受到他们的任何调查，他就收到了采煤工人们的捐助。而只是从一家公司的矿井中，这个男人就向工资出纳员提出了总计 300 美元的捐助金额。这家公司老板认为这个乞丐在山谷中停留的短时间内就得到了整整一千美元，甚至更多。这个大胆的乞丐也没有留下来亲自去收取这些捐助，他给了他们一个芝加哥地址用来核对每个矿井送来的捐助总额，然后他则是去了其他地方'工作'。"①

穷人常常能够做到最好的慈善工作，充分了解他们的处境，满怀同情以及无私奉献，这些事实是并存的。另一方面，当考虑到公共福利或个人经验以外的条件使得形势复杂化时，那么他的慈善行为有时就是鲁莽且有害的。

需要牢记的另一个事实是，睦邻的纽带关系和穷人之间的互相依存关系可以被慈善机构削弱，而这个慈善机构却忽视了这种自然健康的关系。那些居住在富人区，或者很慷慨地施舍救济物资的社区的穷人之间并不那么友好，并且社区的整体氛围下降，不信任和嫉妒取代了睦邻友好的互帮互助，那些以友好却又居高临下的态度施舍救济物资的行为蒙蔽了他们的双眼，使得他们不能了解邻里日常真实的生活。有些人认为遗憾的是，在他们的小商店之外，穷人应该帮助更穷的人，他们觉得富人应该减轻穷人

① "Charities Record," Baltimore, Vol. I, No. 6.

这样的负担。但是在缺乏参考的情况下给予朋友和邻居救济会伴随着道德缺失。每当睦邻关系的自然纽带被我们的善意却又愚蠢的干涉而削弱时，贫穷的街区注定会变得更贫穷和肮脏。

谈到作为雇员的养家糊口的人，我们面临最严重的问题，并且现在也正受到公众关注的是：组织劳动、罢工、停工、资本权利、失业者的问题，及无技能的劳动者。这些事情的真相，即使一个人足够幸运了解这些问题的真相，也无法在一个段落或者一章中说清楚。只有当他们直接关注那些探访底层工人家庭的友善探访员时，才能在这些页面中提及就业问题。不过，探访者对他们的研究和思考越多，就越能成为对穷人更好的朋友。一部分原因是因为他们是困难的，还有一部分原因是受我们偏见的干扰，慈善机构太容易逃避经济问题。

我们应该无所畏惧地问自己所有慈善工作的目标。正如Bosanquet 太太所说："我们需要确信我们是真的想要消除贫困，想要切掉它的根枝。只有我们全心全意为之奋斗，我们才能从外面的努力中得到稍许满足感。但是，目前那些毫无保留地分享这一愿望的人比较少。直到有一天我听到一种说法，针对解除贫困的政策是非常令人怀疑的，因为在没有贫穷的情况下，富人就展现他们博爱的天赋。并且我相信这只不过是一种仍然很普遍的直觉的表现，这种感觉就是在一个阶级另一个阶级的社会依赖中那种注定的、正确的感觉。还有一种潜伏的恐惧，即如果工人阶级太过独立则富人可能会因此受苦。'不会这样做的'，一位聪明的女士说，'让他们太独立的话，他们会参加贸易工作，并且我的一个朋友因为他们的工人加入了一个贸易团伙而损失了很多钱。'这完全不符合审查者的观点，他将目前对Owenite合作计划的反对意见总结为'那种工人阶级可能会变得如此独立而资产阶级却不足以控制他们，资产阶级最终不得不为他们自己工作而恐惧。'"①

友善探访员将自己的个人偏见和自私的利益抛在身后，依照工人最大的利益来看待所有的就业问题，这是第一重要的。这些问题往往很复杂。1896年，国家慈善组织被质疑，这些社团是否批准提供工人来代替罢工的员工。答案正如第二十三次全国慈善会议记录中提到的②，似乎想当然地认为所有的罢工是同样正当的或者同样不正当的。当然，事实上，一些罢工是完全合理的，其他的则是相反的。还有另外一些罢工则是在一个阶段是合理的，在另一个阶段就变成不合理的，他们争论的焦点已经被改变了。

① "Rich and Poor," pp. 138 sq.

② Proceedings of the Twenty-third national charity Conference, 1896, pp. 242 sq.

在这种复杂的关系中，我们必须告诉自己，当我们敢于干涉，并且慈善团体不能采用任何与他们有关的特殊方案时，他们必须有足够的勇气和聪明才智，才能在解决工业问题的过程中做贡献。单个友善探访员可能随时被邀请去给一个失业工人提供建议，这个工人仅有的机会就是立即取代罢工者的工作。他的家庭可能是贫穷的，并且他们的烦恼可能会沉重地压在探访员的肩上，他们在提供的工作中看到了他们困难的简单解决方案。但是探访员面向这个家庭的责任并不以物质需求为结束，并且除非取代罢工者的那个人能保证罢工肯定会失败，否则他将背叛自己的天然盟友做出不人道的事情。所有有关个人合同的权利的一切问题都搁置一旁，他可能会让自己受伤，他可能会成为一个卑鄙的人和一个家庭中不值得尊敬的家长。对于任何暂时的和物质上的优势，慈善机构不能忽视这个可能的结果。它也不足以使友善探访员相信那场特定的罢工是不合理的，而那个人自己必须相信它。

在其他条件相同的情况下，一个男人要更加强壮和具有竞争力才能拥有一个组织完善的，自身具有道德的交易规范的贸易。因此，可以肯定地说，一个探访员建议一个非工会成员加入工会是合理的，他这么做并不等于认可工会的每一个行为。

但是慈善机构的申请者并不总是有技能的工人，友善探访员的大部分工作是针对那些工作仍然散漫的人、搬运工、日间工作人员、装卸工人等。尽管有许多相反的主张，但是在平常的时候，对于那些有意愿和有技能的人来说，仍然有工作的地方。慈善机构的工作人员有足够的劝阻力，不让自己因为数百万熟练工失业的野蛮言论而被贬低。甚至在恐慌期间，失业者的数量往往过于夸大。[①]

直接影响我们的事实是，大部分因未就业被扔到慈善事业中的人不是因为坏习惯、坏脾气、缺乏参考、忽视英语，就是因为一些身体上的缺陷而不能或者不适合提供服务。经验证明，如果我们注意以下几点的话，这些人中有一部分是可以在劳动力市场上恢复的：(1) 在没有工作时不要让他们过得太轻松；(2) 如果我们能够利用每个人的努力，那就让他们适应一些工作；(3) 帮助他们找到长期适合他们的工作。“性格不是大理石切割成的，它不是坚硬的不可改变的东西。它是生动的、可改变的，并且可能会像我们的身体一样生病。”[②]它也会像我们的身体一样，能够通过熟练的治疗得到重生。

那些单纯没有能力，没有坏习惯或者其他缺陷的人往往是

① See Warner's "American Charities," pp. 177 sq.

② George Eliot in "Daniel Deronda."

他们父母的必需品或者贪心的受害者：他们过早地被要求去工作，并且是去做那种没有教育和升迁机会的工作。有时他们会随心所欲地粗心或懒惰，但是更多的时候是父母的错误或者是不让他们接受适当培训的错误。所有这些情况我们大概都能在有关孩子们的情况中听到，但是我们现在关注的焦点是养家糊口的人。那个"不知道该怎么做"的男人是工厂屡屡引起争论的难题。工作只需要有力量，所以容易被代替，他从一个工作换到另一个工作，然后在一年的某个季节变得不能适应，或者不能轻易地从一种工作换到另一种，他几乎就要失业了。

Octavia Hill 女士在《伦敦的穷人之家》(*Homes of the London Poor*)中提到了这一点。[①] "工作的波动是体面的租户在支付租金时主要的困难。我试图通过两种方式帮助他们：第一，引导他们储蓄，如果持续这样做，每到秋天自己就会积累一笔钱，这笔钱能让他们应对他们家庭出城时遇到的困难。第二，我在农闲季节尽我所能雇用他们，我将他们在空闲时期能做的工作预留下来，并且我试图在小范围内平衡工作的不规律性，这种不规律或多或少是有害的，并且会因为穷人的不成熟而使得不规律性加倍。他们有着一股奇怪的、能预知未来的力量。如果直

① "Homes of the London Poor," Octavia Hill, pp. 22 sq.

到下一季度还不能预知到结果，那么对他们而言是无用的！”

这个通过为空闲季节预留零散工作的平衡工作计划是一种帮助的方法。另外一种是寻找不会重叠的不需要技能和季节性的工作清单。一些工作是冬季做的工作，还有一些只能夏季做。巴尔的摩的某冷冻公司将煤炭业务与冷冻业务结合起来，在冬天雇用工人，根据这个原则，就可以为不重叠的职业共同体制订出一份清单。但是在这里不能制订这样的清单，因为地区不同，工作情况也不同。

当我们自己提供工作时，不要混淆雇主与朋友之间的关系。“一位探访员对一个非常需要帮助的女人很感兴趣并且雇用了她，”波士顿联合慈善机构的秘书 Smith 女士写道。“有一次或两次，那个女人在早上必须去法庭，并且在十点而不是八点来，或者探访员会让她早点离开，但是探访员总是支付她一整天的费用。有人建议那位探访员，按照惯例，从长远来看按天付给她工资是不明智的，但是直到邻居为她工作之前，她才确信这一点，他们抱怨说她在十点而不是八点来，并且希望得到一整天的工资，他们不愿再继续雇用她。探访员给予的救济伪装成工资的形式，挫败了她帮助那个女人自力更生的努力。”[1]

---

① “Charities Review,” Vol. II, p. 54.

作为失业原因的陋习将会在下一章讨论。对于因为坏脾气丢掉工作的那个男人来说，他需要牢记在心，坏脾气有很多程度，因焦虑或者疾病引起的坏脾气必须从天生的丑陋中区分开。另一个失业的原因缺乏参考，并不总是意味着糟糕的纪录。非技术工人往往是不被他们的雇主所了解的，并且探访员通过测试工作者得到的信息可能对他很有用。当一个男人有一些身体上的残疾，例如言语障碍或者一条瘫痪的手臂，只有对他有个人兴趣的人才能克服因为他的残疾造成的偏见。通常，这些人具有能够吸引他人的品质，但是他们在乞求自己的事业或者在找到适合他们的职位的时候是笨拙的。

以下有助于找工作的事例是伦敦慈善组织会社的第二十八次报告中提到的。[1]“一个文静而诚实的年轻男人是一个园丁，最近从一家精神病院出来了，他的精神病是由于听觉障碍引起的，且经历了一场痛苦的手术。他曾经在精神病院待了几个月，出来之后在获得正规工作方面有一些问题。委员会对这一案件进行了深入的调查，并对推荐这个年轻人的安全性感觉很满意，他们向园丁和花圃工人发出了通知，并让这个年轻人在一周内

① The Twenty-eighth Report of the Charity Organization Society of London，p. 11.

得到了一份工作。另一个人在医务室被注意到——一个高大而强壮的家伙，他大部分时候是一个海员，有时会待在美国军舰上，直到他遇到一场事故，失去了一条腿。之后不安分和四处流浪的性格使得他在国内流浪，曾经有一次他企图在一位警官面前自杀。查询显示这个男人能够努力工作，并且对一个六英尺[①]高、身材魁梧的男人来说，在刺绣方面用针灵巧是很奇怪的。委员会让他在一个普通的小屋里待了几晚——因为自从离开医务室他无家可归——之后很幸运的是在一个帐篷和船帆制造商那里为他找到一份好工作。大约半年以后，他现在一天能赚3美元6分。值得注意的是，这些人中没有人是身体健全的。社会不会为普通的健全的人找工作。”

忽视英语是无法就业的另一个原因，但是这不可避免。“经过多日调查，H先生和他的儿子找到了工作，他们完全忽视了我们的语言导致他们不能得到工作并处于绝望中。因为探访员的真诚请求，一个家具经销商同意试用他们。他们表现得很让人满意，所以他们现在已经被雇用了一年，并且他们的工资也增加了。”[②]

---

① 1英尺等于0.3048米。

② Thirteenth Report of Boston Associated Charities, p. 42.

谨慎一些是必要的。一个大城市的慈善机构经常吸引那些在城市里没有经济地位的人。我们的移民法已经允许很多不属于这里的人来美国，慈善机构能让他们在这里生存，要知道他们正在使我们穷人的生活水平下降，并一次次使得问题无可估量地复杂化。但是，关于洲际移民和从农村到城市的移民，慈善机构都不应该显得如此无力。拒绝通过慈善援助来帮助一个人安置到一个他不属于该社区且他自己无法定居的社区，是我们的权利。在他没有抱怨的情况下，往往其他工作者安置他和帮他找工作是错误的。即使没有任何人为的帮助，一个大城市的吸引力也足够使自己过度拥挤。相反，我们的努力应该是使那些真正适合农村生活的家庭回归乡村。在乡村报纸上刊登广告，在乡下为其家庭寻找合适的地方，保持书信往来并不时去拜访。[①]

还有一点需要注意。让一个男人知道有人关心他并且愿意帮助他找工作是很有用的，同时，这样也会让他因感觉自己闲着而他的朋友承担了所有的搜索工作和烦恼而消沉。“打发一个人去找工作，和他一起去一个特别的地方，但是不要为他去一个又一个地方找工作。”开发他的资源，表现出对他所有努力的兴

① See “Charities Review,” Vol. VI, pp. 402 sq.

趣，并鼓励他再度努力振作。

有人说只有男人，特别是有商业经验的男人才能成为成功的友善探访员，关注家庭的一家之主。特别是在就业方面，一个女性探访员无法提供良好的建议。毫无疑问，如果有更多的男性不怕麻烦，亲自了解这些穷人家庭，而不是满足于慈善委员会提供的服务，将会把这样的工作做得更好。这对于委员会和作为慈善受托人的男性来讲是更好的。但是女性探访员不需要绝望。她确实可以将她的工作做得更好，正如将在本书中提到的，如果她是自己的律师、卫生工程师、训练有素的厨师、幼儿教师和金融专家的话，但是她可能不是这些角色中的任何一个，她却仍然会成为一个很好的友善探访员。当出现法律纠纷的时候，她将会去拜访一些律师朋友；当孩子们有困难时，她会去咨询一名老师，或者一个儿童救济协会的代理人；同样，当她自己储存的经验缺乏的时候，失业的问题会将她送到一个商人面前，或者一些能给她建议的人面前。穷人往往对"慈善女士"的判断比较刻薄，这个观点并不总是没有正当理由的。但是，她们在周日与贫困者家庭成员相互了解并解决问题，或者时不时地找机会让他们去家里，证明自己并不是没有资源或者在紧急情况发生时没有常识的探访员，这种做法将很快打破对"慈善女士"的偏见，她们成了那些家庭中所有成员的朋友。

扩展阅读：

“The Settlement and Municipal Reform,” James B. Reynolds in Proceedings of Twenty-third National Conference of Charities, pp. 138 sq. “Benevolent Features of Trades-Unions,” John D. Flannigan in the same, pp. 154 sq. “The Ethical Basis of Municipal Corruption,” Miss Jane Addams in “International Journal of Ethics,” for April, 1898. “The Workers,” Walter A. Wyckoff. “Working People and their Employers,” Washington Gladden. “Problem of the Unemployed,” Hobson. “The Unemployed,” Geoffrey Drage. “Korbey's Fortune,” William T. Elsing in “Scribner's,” Vol. XVI, pp. 590 sq.

第三章

养家糊口的人
——丈夫与父亲

我们已经讨论了作为工作者、邻居和市民的养家糊口的人，现在我们把视线转向作为丈夫和父亲的养家糊口的人。家庭不仅是社会真正的单位，也是慈善援助的单位，并且当我们处理不了一整个家庭的事务时，我们只处理其中一小部分。我们的大部分慈善工作仍然是零碎的援助。例如，一个贫困家庭的成员可能与数十个代表了各种形式慈善活动的慈善人士接触，而这些慈善人士中的任何一个人都不会考虑这个家庭的整体情况，这种事情是很常见的。主日学校[①]的老师、幼儿园教师、日间照顾护士、新鲜空气慈善机构、地区护士、产科护士、教堂施赈人员、城市传教士、救济人员、妈妈会议的领头人、工会老师、基督少年军或女孩友好会的管理者……所有这些将会在某些方面触动这个家庭，但是他们并不会尽力去把家庭的生活作为一个整体看待，也不会想象他们对这个家庭的慈善救济所产生的影响。他们可能一再承担那些主要属于家庭成员的以及帮助家庭团聚的重要的家庭责任，而这可能是因为他们中没有人持续工作，也没有从他们的错误中仔细地反思或者去修正他们的错误。

家庭责任是什么？家庭责任有一种古板又保守的基调，但

① 主日学校（Sunday School），又名星期日学校，指的是英美诸国在星期日为在工厂做工的青少年进行宗教教育和识字教育的免费学校。

是生活的基础本就是保守的。男人仍然是普通家庭中的一家之长，他要付出他所有的努力确保家庭中其他成员的生活资料。在家庭中妻子则是用丈夫工作的收入经营这个家。孩子们应该是乐于学习和顺从的，随着他们自己力量的增加和父母能力的衰弱，他们应该做好为父母提供生活物资和生活环境的准备。这些都是家庭生活平淡却又基本的要素，当他们缺少这些时，无论婚礼仪式还是法律和习俗的约束，都将阻止一个家变成一座空屋，变成一个罪恶和社会混乱的滋生地。

让我感到痛苦的是，为了努力满足那些人探访穷人的需求，我必须更多地关注这些工作中的困难而不是支持。很多穷人家庭都具备组成家庭的基本要素，有一种家庭可能是最卑微的，它可能只有一个房间，但是，家里的男人正尽他所能照顾自己的家庭，女人正在努力使这个小屋子变得像一个家，孩子们则正在通过学习这些最简单的技能，以获得一定程度的和睦、秩序和成长。家庭关系良好时，即使有疾病、工业萧条、意外事故，或者其他不幸事件从外部打击我们，使得我们很长时间内需要慈善救济，但仍然有使慈善援助成功的要素存在，即家庭成员会和探访员一起帮助家庭重新获得健康和独立。

保护这样的家庭免受自私的施舍者粗心又敷衍的慈善救济会让人有很大的满足感，因为这些施舍者变化无常的行为会使那些家庭只能得到一时满足而在未来仍然贫穷。与这样的家庭一起克服困难时也会让人有很大的满足感。而将一个空屋子变成一个真正的家,教育一个邋遢的、不负责任的母亲,体会拥有一个干净整洁的家庭环境的愉悦感,帮助一个男人重拾对妻子和孩子的责任感,这些都会让人有更大的满足感。因此,即使存在描绘一幅过于悲观的画面的风险,我也要在这一章讨论懒散、酗酒或两者皆有的丈夫或者父亲。

已婚的游手好闲者也有很多单身游手好闲者或者流浪汉的特点,虽然他往往是不上进的。他是我们大城市特有的一种类型,即那里的政治、工业和慈善条件使他成为现在这样的人。我们可能会觉得他不用对自己的错误负责,也会觉得我们当中没有人需要对自己的错误负责,而我们一旦承认这种观点,我们就"不健康"了。将已婚的流浪汉当作不负责任的人,只会让他变得更不负责任。

"我认识的一个男人很长时间几乎没有做一点工作", Bosanquet 太太说,"在他妻子分娩期间,他离开妻子到处流浪,以让她有机会接受慈善机构的救济,并在她能再次工作时回来了。我认识一些父亲,他们将自己饥饿的孩子送去邻居那里乞讨食物,之后自己吃掉这些食物。而且我还认识一个人,他将他的孩子留在街上,然后脱下孩子们脚上的鞋子作抵押,去换水。

一个男人对他自己家人的消极态度是令人难以忍受的，如果责任消失，它将会被暴力所代替。”①

同样，在这本书中，“举一个不断发生的例子。一个男人让自己陷入恶劣的境地：他忽视了自己的工作，花自己的钱喝酒，越来越不关心他的家人。孩子们越来越被忽视并且忍饥挨饿。最后一些慈善代理人介入其中。‘这个男人是没有希望的，’书中写道，‘解除他的责任是没有问题的，因为他已经对那些没有感觉了，而且事情不会因为我们的介入变得更糟糕。孩子们不应该再因为他们父亲的罪恶而受苦，我们会给他们提供食物、衣服和教育，并且让他们有机会做得比他们的父母更好’，如果这只是一个家庭的话那么一切都很好，我们都应该兴高采烈地去救助那些小孩子。这些家庭的邻居都同样容易走下坡路，并且在很大程度上受到了思想的限制，‘孩子们会变成什么样呢？’这种限制的影响将很快衰弱下来，因为史密斯放弃了斗争后他的孩子们得到了更好的照顾，因此危害就像瘟疫一样蔓延到街上。”②

在处理已婚家庭的问题时，必须依据具体情况选择方法，一

---

① “Rich and Poor,” p. 105.

② “Rich and Poor,” pp. 72 sq.

般情况下有必要让他了解慈善团体对他的期待，但是只有慈善团体扣留除了帮他找工作以外的所有援助，他才愿意去努力达到他们的期待。然而探访员一般不能成功做到这一点，除非他不嫌麻烦去找到对这个家庭开放的所有救助资源，并且说服这些资源提供方限制救援物资。探访员往往对推进这种激进措施感到犹豫，担心会对妻子和孩子们带来伤害，但事实是，一个懒惰的男人的家庭一定会遭受痛苦，而且没有什么物质救济可以阻止他们遭遇痛苦。

在这个争议之处，我冒昧地引用我在其他地方所写的内容，“我们来考虑一下一个大城市中的一个已婚流浪汉的孩子们逃离苦难的机会……他们出生在一个父亲不体谅人又虐待母亲的世界：在那里，清洁的环境、新鲜空气和美味的食物对他们而言都是没有保证的，文明世界的经济法律似乎都是颠覆性的；在那里事情有时会奇迹般地到来，而在劳动中没有任何回报，并且那里是他们有时根本不会来的地方。更甚者，他们生来就是残疾的身体，通常在他们的血液中有着酗酒的污点，也常常伴随着其他一些遗传性疾病，例如癫痫或者不健康的心理，这些正是父母的放肆行为的直接后果。当援助救济让数以千计的家庭聚集在我们的大城市中，或者，更糟糕的是，要让每年有数千万无助又不幸的孩子出生在这些家庭里，我们怎么能说‘不让孩子们受苦'？如果我是这些小孩子中的其中一个，并且能够看到慈善人士是做什么的，我应该更想说：'女士们和先生们，您已经提供了医生、护士、燃料和病人饮食菜单，毫无疑问您是好意的，但是我却在您的帮助下进入了一个您不打算给我一个机会公平的世界。您知道我的父亲不会为了我而工作，我的母亲没有时间照顾我，并且我的兄弟姐妹们一定会遭遇比之前更糟糕的境地，因为现在不只有一张嘴需要喂饱。更甚者，我的心理承受能力不是最强的，我的身体也不是最强壮的。除非您愿意为我做很多事情，我很遗憾您没有减少提供一些援助。坦白说，我并不感谢您。'"[1]

通常当一个男人发现慈善人士非常真诚并且他们确实打算让他肩负起自己家庭的责任时，他就会振作精神去工作。他不太可能会停滞不前让自己的家人挨饿。事实上，我经常发现控制已婚流浪汉家庭的援助物资对提高这个家庭的物质情况有立竿见影的效果——男人不是去找工作就是离开家里。这种慈善援助的方法需要勇气，但是如果人们只看到敷衍的方法让痛苦延续的话，就需要勇气给一些小的救助。

在很多州，一些针对男人的惩罚性法律并不能帮助他的家

① "Charities Review," Vol. VI, pp. 121 sq.

庭。这些规定中有一些很少能起到作用，但是几个新英格兰的州制定了有效的法律。① 如果完全切断慈善用品供应不能让一个男人变得有责任感，那么探访员就应该让他受到法院的惩罚。一个人忠实且长期拜访了一个家庭的证据在这样的案例中是非常有价值的，尽管由于缺乏妻子的证词使得很难对这个男人定罪。如果已经惩罚过的已婚流浪汉仍然无可救药地懒惰和不负责任，那么探访员不应该遵从他改变那个男人的期望，以至于阻碍孩子们的最大利益，即出生和不出生。妻子对她丈夫的责任是非常神圣的，但是她对孩子的责任同样神圣。当所有的方法失效，这个家庭就应该被分开。

只有那些有丰富的慈善经验的人可能会认为这个男人和妻子的分离是情有可原的。Josephine Shaw Lowell 夫人说："毫无疑问，向一个酒鬼或者不养家的、不道德的男人的家庭提供帮助的行为是错误的，并且是一个大错误。除非那个女人能帮她的孩子避免受到父亲的影响，否则无论公共或者私人的慈善机构，以及个人都没有权利帮助维持和维护由醉鬼、恶毒的男人和女

① See Proceedings of the Twenty-second National Conference of Charities and Correction, New Haven, 1895, pp. 514 sq.

人组成的家庭,这一点应该是可以理解的。"[1]

不用说,作为不同意离婚的最后手段,分居只会增加形同虚设的家庭数量。他们在某些例子中认识到这些"无可救药的悲伤事实",因此准备鼓起勇气采取措施以帮助那些无辜的人避免遭受那些罪责。[2]

以下有关一个巴尔的摩的已婚流浪汉的经历证明了在某些情况下需要分居: 几年前,巴尔的摩的慈善组织会社结识了一个长相帅气的德国鞋匠的家庭,这个德国鞋匠跟一个比他大几岁的平凡、勤劳的女人结了婚。结婚后不久,他开始忽视工作,酗酒,并且越来越依靠妻子的付出来支撑他。生孩子常常让妻子无法工作,而教会和慈善友好人士在这时提供了援助。当第六个孩子一岁的时候,他离开了家人一段时间,之后他因扰乱社会治安被判在监狱服刑,后来他又再次回了家。慈善组织会社发现没有机会改变这个男人后建议他的妻子离开他,而德国牧师强烈反对分开这个男人和他的妻子,因此这件事没有成功。这个情况中令人沮丧的一个方面是,这个男人教他的孩子欺骗

---

① "Public Relief and Private Charity," p. 105.

② See on this subject the Proceedings of the Twenty-fourth National Conference of Charities and Correction at Toronto, 1897, pp. 5 sq.

自己努力工作的母亲。当第七个孩子出生的时候，慈善组织提供了一名注册护士、婴儿床褥、一名医生、燃料和食物，结果发现那个男人卖掉了这些燃料并出去玩乐。他曾是一个很好的工人，在清醒的时候他也总能得到工作，然而即使在工作的时候他也会忽视照顾自己的家人，最终遭到了强烈的抵抗，他的妻子状告他不履行抚养义务，他因此被拘捕。当这个男人等待审讯时，慈善组织会社让他的家人离开，并为他的妻子找到她能够抚养其中三个孩子的工作，让一个孩子在亲戚家生活，另外两个孩子暂时安置在机构内。当他被释放时，他没有家人能再吸引到慈善机构的援助，并且在这么多年以来第一次被抛弃，被完全属于他自己的资源抛弃。

很多善良的人可能会认为剥夺一个人的家庭关系会让他更快速地堕落，但是相比一个男人不仅让自己的妻子支撑他，还虐待他们孩子的行为，有什么比这样的堕落更彻底呢？为了让这些不再出现，我们有时会做一些让他从他的暴行中脱离出来的事情，并因此让他承受仍旧十分沉重的负担。

有很多慈善探访员一想到烈性酒就十分反感，他们认为与酒吧相关的所有事情似乎都是很残酷和堕落的，他们在判断一个男人的习惯时无法谅解他的国家、地区和家庭的传统。有时候因为在晚饭时喝了啤酒或者家里的男主人被人看到进入一个酒吧，那么整个家庭都被谴责有“欺诈”行为。慈善工作者们在如何最好地处理喝酒恶行的问题时有很大的意见分歧，而在处理其他问题时并没有这么大的分歧。在某些地方，偏激可能是情有可原的，但是在这里，无论什么地方，友善探访员必须提防个人偏见和草率的结论。“夜晚的猫都是灰色的，”古老的谚语这样说，只有愚昧无知的社会改革家会认为所有喝酒的人都是酒鬼，所有卖酒的地方都是罪恶的窝点。酒吧仍然是工人们的俱乐部，除非找到同样令人满意的替代场所，否则我们就不能谴责它。而在所有的个人习惯中，饮酒这一习惯确实和放纵一起成为贫穷和堕落的原因。

“在我们知道的不到一半的家庭中都存在酗酒问题”，波士顿慈善协会的秘书说，“解决酒鬼的问题和他们的家庭问题有很多方式，但是每个案例都必须单独选择补救措施。我们的一些友善探访员对所有这些局部的补救措施不耐烦，并且不愿意采用它们中的任何一种方法，直到等到他们能够消灭全国的酒精，而这些酒精在他们眼里就是问题产生的罪魁祸首。但是如果在未来它能被完全消灭，我想我们一定会发现这也只是一种局部的补救办法，同样，那种让男人和女人喝酒的自我控制可能会在未来让他们中一些人的兴趣转移到其他地方，而且可能是更糟糕的兴奋剂。所以，我相信并希望缓慢而稳定的个人情绪将逐渐走向彻底戒酒，经过几年或几代人之后，它可能成为国家的法律。我相信那种人与人之间的强化个性的工作能成为反对这种罪恶的主要保障”。[①]

在处理一个醉酒的个案时，首先要找出他的历史。酗酒是贫穷和不幸的原因，还是结果？它是一种遗传的饮酒倾向，还是一些其他坏习惯引起的饮酒习惯？是不是身体不健康的原因？不健康或者危险的工作与它有关系吗？糟糕的家庭烹饪是原因之一吗？有人曾说，最好的戒酒方式是吃饱晚饭。对找不到工作的担心和暴露之后对一些温暖刺激物的需求是常见的原因，而这些情况都能随着友善的帮助而改变。一个认真地努力打破他自己喝酒习惯的人值得所有的耐心、同情和我们的支持。

当一个男人敏感又自尊心强的时候，探访员通常只需要表现出他的同情心即可。“有一个旅行推销员，他沉溺于喝酒并因为这个习惯让自己陷入糟糕的境地。他有一个妻子和七个孩子，所有的孩子还太小不能赚钱。他的妻子非常勇敢，并且尽她所能支持着整个家庭。当这个案子摆在慈善组织会社面前时，他们已经拖欠了租金并受到房东的威胁。我们派一位绅士作为

① Miss Z. D. Smith in Report of Union Relief Association of Springfield, Mass, 1887.

我们的友善探访员介入这个案子，经过不懈的努力和多次的失败之后，他终于成功地让这家的男主人清醒了几天。那个男人很骄傲，并且因不得不接受慈善援助而感到痛苦，然而他的家人正遭受痛苦，没有其他办法了。援助是以非常微妙的方式提供的，这个男人的心灵被触动，他非常感谢这位探访员的不懈努力和善意。他们经常一起度过夜晚，那个人开始少喝一些酒，最后终于不再喝酒，而现在他得到了一份长久的工作并且做得很好。"[1]

在有关承诺的价值方面，有多种不同的意见。然而，当一个人违背承诺的时候，鼓励他重新恢复承诺似乎是不明智的。让他尝试对自己做出承诺，并证明他可以在没有人为支持的情况下做到。

在很多棘手的案例中必须使用法律。有时候，同时采取几个补救办法是很有用的，比如说请警察去威胁要逮捕他，在这之后立即邀请他加入一些戒酒协会（最好与那个人的教会有关），同时努力寻找一些替代性的新兴趣。当温和的手段失败的时候，有时就需要切断所有救援物资的供应。当这种方法再次失败，就需要采取措施，通过破坏家庭来保护妻子和孩子们免受那

① "Charities Record," Baltimore, Vol. I, No. I.

个男人引起的不良影响。

正如我之前提到的,酗酒这一恶行有很多原因,但是经过考虑之后,就会发现主要的原因往往是人们心中的自私。有一些人不在乎是否要戒酒,他们不会为自己的堕落和他们带给家人的痛苦和堕落感到羞愧。在这里必须再次承认那种"无可救药的悲伤事实"。让这样的男人发现通过我们对他们家人的慈善救助,会导致我们直接或间接地为他们的威士忌账单付账或者承担他们故意逃避的负担,这是很愚蠢的。1886年波士顿联合慈善机构会议要求注意这方面的问题。"委员会说,在他们看来,忽略道德责任是放纵的问题之一,并且,在某些程度上,另一部分原因在于救济或者其他救助使得无节制更容易。同时他们相信,除了救济院,在一些特殊情况下拒绝向酒鬼家庭提供援助将会带来良好的舆论氛围和公平的责任感。但是委员会补充说,让善良的人们相信这种事几乎是不可能的,因为比起未来永久改善的希望,他们更容易被现在的苦难打动,他们认为针对现在遭受的痛苦而采取措施是必要的。"①

① Seventh Report of Boston Associated Charities, p. 39.

扩展阅读：

"An Adventure in Philanthropy," Edwin C. Martin in "Scribner's," Vol. XI, pp. 230 sq. "Charity and Home Making," the present writer in "Charities Review," Vol. VI, No. 2. "Married Vagabonds," the same, in Proceedings of Twenty-second National Conference of Charities, pp. 514 sq. "Drunkards' Families," Rev. W. F. Slocum in Proceedings of Fifteenth National Conference of Charities, pp. 131 sq. "The Social Value of the Saloon," E. C. Moore in "American Journal of Sociology," Vol. Ill, No. i. "Substitutes for the Saloon," F. G. Peabody in "Forum" for July, 1896. "Law and Drink," Frederick H. Wines in "Charities Review," Vol. VII, Nos. 3 and 4.

第四章

家庭主妇

妻子让我们看到家庭的另一面,虽然不能经常重复地这样说,但是一个家庭的所有方面都是密不可分的,必须将它们放在一起考虑。当妻子使用各种原料来组成一个完整的家庭的时候,她其实是从事着非常复杂的生产工作。这个过程包括了食物的购买和精心准备,然后做给家人吃,家庭照料,买布料、做衣服、缝补衣服,还要管教小孩,以及许多其他小事情。然而,这些只是过程,而且除非家庭主妇心中有一个理想的家的图景,否则达到这些过程中的部分或全部都不会组成一个家。

在与家庭主妇打交道时,友善探访员变得更像是老师,虽然她应该首先成为一名向家庭主妇学习的学生,这往往是非常必要的。纽约慈善机构的代理人告诉一位正在就一家申请救济的家庭征询意见的友善探访员,"我们发现这个家庭每周收入 20 美元。""好吧,"探访员说,"这些钱对于养家来说真的很少啊。"代理人觉得这个探访员不仅要学习很多,而且还要做很多事情。

并不是每个探访员都能熟练地购买和准备食物,或者安排家庭预算,就算对于这种规模的支出很熟练,他仍然可能在处理更小规模的支出时变得相当无知和无奈。然而,一个真正想要帮助他的人,是不会因难以克服困难而放弃的。探访员可能不知道,与贫困家庭中的家庭主妇相比,他们在学习知识方面有更多的时间和更好的设施。探访员最好的老师是有经验的朋友们，即穷人自己。人们可以从非常贫穷和勤奋的穷人那里学到很多东西，当我们清晰地向他们表达希望学习的理由时，他们会很自豪地向我们讲解他们的经验。

没有这些老师的时候，我们还有书可以看，但是书的缺点是它满足不了每一个地方的需要。因为气候的不同、习俗的不同和当地市场的情况不同，我们对购物过程中存在的困难提出了具体化的建议。因此，我不会试图详细论述，但是我认为，我们与穷人朋友的关系应该尽可能的自然，当我们对任何事情不了解的时候，最好坦率地跟他们说我不知道，然后与他们一起思考一些学习的方式。例如，探访员对家庭主妇这样说是很自然的："我们都觉得购买和准备食物的最佳方法还有很多方面可以学习，我有一个熟人已经研究了这个问题，如果你允许的话，我想要把她带到这里，给我们俩人一些建议。"

科学膳食的目的是为了教穷人使用营养和经济的食品，Atwater 教授、Edward Atkinson 教授、Juliet Corson 夫人和 Mary Hinman Abel 夫人是负责这个问题的权威。新泽西州联合慈善事务局出版了 Brooklyn Tenney 夫人编写的关于食品的宣传单页。以新泽西州当地的价格计算，一个六口之家（丈夫、妻子、四个孩子）每周的饮食费用为 3.31 美元。为了促进贫困家庭饮食习惯的改善，首先要熟悉家庭成员，达到这个目标之后，然后才可以一件事一件事地进行创新，好让他们慢慢接受。巴尔的摩的一位友善探访员尝试了她的计划，在市场上遇见她的朋友时向他们介绍了最好的肉类切割方法，购买蔬菜的最佳场所，等等。但是，她在推出新菜时取得的最大成功是来源于她的孩子们。她已经能够非常明智地确保她的“厨师”与她合作，另外，她还会在每周星期六早上邀请孩子们进入厨房，教他们准备简单的小菜。她发现科学的饮食习惯常常忽视穷人的饮食口味，对穷人总是存有偏见。教他们做好自己喜欢的食物是最好的方法。例如，如果他们非常喜欢喝浓茶，我们可以教他们，喝浓茶最重要的一点是不应该在炉子上反复煮沸。

当我们面对饮食口味问题的时候，不管是在礼节方面、饮食方面、服饰方面或家居装饰方面，我们都不能接受 Honey Thunder 先生的态度：“来啊，接受祝福啊，否则我会打倒你！”我们发现，人们对廉价的商品非常激动，非常偏爱它们，但从我们自己的例子来看，如果我们起初不坚持太多的话，长远来看就不划算了。首先教导家庭主妇修补衣服、保持衣柜整齐有序，并向她传授一些你自己的经验，穿哪些面料的衣服是最好的。

家庭中最重要的支出项目之一是燃料，首先要搞清楚的是煤油或任何其他易燃液体是否曾被用来生火。经验丰富的管家说，用小格子炉子是非常经济划算的，然后买质量比较好的豌豆煤，如果精打细算地使用的话会比一些更贵的煤用起来更划算。穷人常常喜欢比较贵的免燃烧的煤，因为它们用起来比较方便。一位工程师说，在燃烧豌豆煤时，火苗必须保持清洁，不能猛烈地晃动，这可以通过在底部放一张扑克牌解决。在顶部去除已经燃烧完毕的废料。在燃烧的时候要慢慢地少量地加煤，当不需要用火的时候，把底部好好清理一下，当你需要用火的时候，往里面放入大约 3 英寸[①]厚的足量煤炭，放上草稿纸直到它被点燃，然后加上 4 英寸厚的新煤，直到燃烧起来，然后停止在底部放草纸，取下盖子，打开顶部的滑道就行了。

在许多探访员参观过的家庭中，清洁似乎是最大的缺点。有时候妈妈们已经失去了信心似的，有时候她们从来不知道什么是清洁。在这里我们有必要采取措施以避免伤害我们可怜的朋友的感受，因为她们中的有些人会比其他人更敏感。波士顿的女探访员在拜访家庭主妇的时候会给她们送肥皂、擦洗用的刷子、拖把和桶，并告诉她们她明天要来，而且会用到它们。这样做的目的是促使家庭主妇在探访员到来之前，先打扫和整理房间。有一位探访员在女主人不在家的时候去拜访了这个家庭，然后帮助孩子们打扫房间。另一个发现是，如果这个家庭知

① 1英寸等于 2.54 厘米。

道探访员要来了,那么她来的时候这个家庭会非常有秩序、整洁。所以她一开始是很有规律地来了一段时间,然后尝试不定期地访问,终于后来她在任何时候来拜访,家里都是整洁有序的。

"William D. Howells 先生居住在波士顿的时候,作为联合慈善机构的探访员,他抽出了大量宝贵的时间去拜访了一些家庭。有一天,在敲一户他曾经努力激励过他们注意清洁的人家的门的时候,这户人家的主人告诉他不能进来,因为地板刚刚擦干净,他进来的话可能会把地板弄脏,其实,他当时心里是非常高兴的。"①

贫穷的家庭并不总是会注意到家里什么时候需要清洁。探访员可以提醒他们把粉刷作为清洁剂的媒介,一旦被教导这么做了,孩子们就会很乐意去粉刷墙壁。

探访员不仅是在对家庭事务进行指导,更是在帮助家庭主妇。贫困社区的许多妇女过着饥饿、肮脏的生活,她们渴望真正的友善和同情。一个和她们一起练习自我克制或一起锻炼的朋友才是对她们有帮助的。鼓励夸大烦恼和困难的朋友不是我们

---

① Mrs. Roger Wolcott in Proceedings of International Congress of Charities at Chicago, Volume on "Organization of Charities," p. 110.

真正的好朋友，这样的友谊往往会降低我们的道德水平。但是，穷人和我们所有人都需要的同情是让我们感到强大的同情，是最远离多愁善感的同情。我们应该耐心地倾听家庭主妇的烦恼，从她的角度去理解她的世界，同时也要用鼓舞人心的语气与她交谈。当我们可怜的朋友们过多地考虑自身的麻烦时，告诉他们我们曾经是怎么解决麻烦的。间接性的建议对他们的帮助也是很大的。妻子不自觉地模仿我们对待她们的态度来对待丈夫和孩子。正如 Jane Addams 女士所说，如果探访员经常亲吻宝宝，那母亲也会这样做。巴尔的摩的探访员治愈过一个疲惫的女人，她基本上一年四季都会和丈夫吵架，探访员让她把注意力转移到别的地方，同时通过寻求合作来改善她丈夫的习惯。

纽约的一位探访员告诉一名居住在一个两居室的房子里的女士，她被丈夫的朋友认为是一个奇迹。因为她会在每个星期的其中一个晚上做一顿特别好的晚餐，这就理解为什么她的丈夫那天晚上可以不提前和妻子打招呼就把他的朋友带回家吃晚饭。他们家虽然非常寒酸，但是她已经很有智慧了，她能为丈夫营造一个能让他感到自豪的真正的家。

到目前为止，我忽视了这样一个事实：在贫穷的家中，女人既是养家糊口的人，也是家庭主妇。慈善探访员发现，很难给男主人找到工作，或者他不愿意接受工作，也不愿意为自己的女人去努力工作。毫无疑问，当家里有健全的、失业的男人时，我们不应该鼓励任何一个女人成为养家糊口的人。Lowell 太太说："如果男人的努力用在让女人每天离开家去上班这件事上，那只会给女人带来伤害。"

如果养家糊口的是残疾人，或者这个女人是一名被遗弃的妻子或寡妇，那她去工作当然是有必要的。慈善工作人员必须区分被遗弃的妻子和被丈夫长期折磨的妻子，让她们的丈夫分担养家糊口的责任。有孩子的寡妇在过去属于被慈善工作人员苛刻对待的一类人。通常情况下，当女人无力抚养她所有的孩子时，会把所有的孩子都送进孤儿院里。毕竟慈善机构也不想让孩子在养不起他们的家庭里生活或者变成乞丐。如果这个母亲是一位好母亲，有能力帮助她的孩子独立自主，那么后面这种做法未免又太残忍。随着慈善机构变得更具辨识力，资源更丰富，为这个阶层的寡妇办理养老金就变得更加可行了，不过这些养老金需要由探访员进行监督。探访员们应该看到随着孩子们的成长，他们被教导着要承担养家的责任。

对于那些因家庭事务无法参加周日礼拜的妇女来说，参加妈妈会议的价值有很多不同的看法。如果这些会议只提供教会服务的内容，一种精神上的提升和更新的机会，那么她们可能不会有任何异议。但不幸的是，许多妈妈会议试图通过这样的小物件来吸引和留住现有的会员，例如，送给她们做工非常差的缝制品或其他小礼物，或以低于成本的价格把东西卖给她们。虽然这些东西的吸引力很小，但还是导致许多妇女忽视了自己的家庭责任。一位妇女同时属于三个不同妈妈协会的三个不同的派别，这要求她一周内要离开家三个下午，这样的现象并不稀奇。这些协会中如此常见的赞助气氛和“宣扬慈善”的气氛明显降低了妇女的自尊心。在很久以前，她们还在学习写求助信息或发送求助信息给“负责人”，其实，这些地方应该是为她们提供精神力量的地方，而不仅仅只是一个救助的来源地而已。

扩展阅读：

"The Lustig's" and "Corinna's Fiametta," Mrs. Schuyler Van Rensselaer in "One Man who was Content and Other Stories." "Practical Sanitary and Economic Cooking" (adapted to persons of moderate and small means), Mrs. Mary Hinman. Abel, published by American Public Health Association, Rochester, N. Y. "Foods: Nutritive Value and Cost," by W. O. Atwater in Farmer's Bulletin No. 23 of United States Department of Agriculture. "Dietary Studies in New York City," W. O. Atwater and Charles D. Woods in Bulletin No. 46 of United States Department of Agriculture. The Health Department of New York City will soon publish leaflets prepared by experts, which will contain simple directions about buying and preparing food. "The Le Play Method of Social Observation," "American Journal of Sociology," Vol. II, No. I. "Treatment of Widows and Dependent Children," Mrs. L. Wolcott in Proceedings of Fifteenth National Conference of Charities, pp. 137 sq. "Girls in a Factory Valley," Mrs. Lillie B. Chace Wyman in "Atlantic," Vol. LXXVIII, pp. 391 sq. and 506 sq.

第五章

儿童

贫困家庭中的探访员主要关心的是家庭的物质救济问题，完全忽视了孩子，除非孩子们的年龄足够大，被迫进入劳工市场，为家庭收入做出贡献，要不然总是完全被忽视。在慈善会议上，探访员聚集在一起讨论个别家庭的困难时，通常也不会提及孩子。另一方面，有一大类的慈善工作者只将重心放在孩子身上，而现代慈善非常显著的倾向是把穷人的子女与他们的家庭生活分隔开来，甚至看作毫无联系。James Putnam 太太说："我们总是能听到有人说，我们无法帮助他们老一辈的穷人，但是我们必须拯救儿童。但是我很清楚，帮助孩子而忽略他们的家庭是一件不可能完成的工作，因为他们之间的利益联系十分紧密。"①

有时我们热心帮助孩子的这一行为像是在鼓励他们的父母推卸责任，这样做总是有风险的，把令人称赞的慈善机构变成了日间托儿所。除了寡妇的子女，或丈夫残疾的妇女的子女，如果不把所有其他情况都排除在外，那么我们提供的帮助只会助长丈夫们的惰性，并且这种帮助还会产生一种糟糕的后果，那就是使妻子同时肩负着养家糊口、家庭主妇和生育子女的责任。

---

① Proceedings of Fifteenth National Conference of Charities, 1887, p. 152.

在一个有婴儿的家庭中，探访员应该观察的第一件事是，孩子接受护理的时间是否太久或者太过频繁。当孩子超过六个月大的时候，晚上就不用喂奶了。婴儿通常太早被喂食固体食物，茶和咖啡通常在孩子一岁之前就供应了，并且这些供应渐渐发展成"桌子上的任何东西"。因为是孩子的缘故，所以探访员应该非常细心。一开始的时候很难对他们如何喂食、沐浴、穿衣，以及他们是否很早睡觉，是否睡在洁净的床上，房间是否通风，这些都需要通过观察而不是直接的询问来做更多了解。你可以请求观察婴儿洗澡，注意头皮和皮肤的情况。如果有任何疑问，最好咨询医生，不要让你的无知酿成大祸。学习如何给牛奶消毒，并教授孩子的母亲，告诉她有规律间隔喂食的重要性并且让她切记，小孩子不应该吃刺激性的食物，油腻的食物，未成熟的水果，或蛋糕、坚果、糖果。

在夏季，应该经常带婴儿到最近的公园散步，在遇到孩子生病的情况下，探访员应该熟知通过儿童疗养院、流动医疗中心、免费远足或其他慈善机构给生病的儿童提供帮助。对于年龄稍大的儿童，可以通过新鲜空气协会或儿童乡村家园，在我们各大城市就近的乡村享受假期。或者，更好的是，探访员或许认识这个地方的某个人，又或者在那里有一幢夏日别墅，在那儿，孩子们就可以放松娱乐了。任何一个人，一旦认识到对于一个成长的孩子来说了解和热爱他的国家是多么重要的一件事，都会愿意忍受一些自身的不便，来给他走访的那些家庭里的“小滑头们”普及这些知识。

当孩子达到入学年龄的时候，就应该与就近的幼儿园联系，如果，很不幸附近没有幼儿园，探访员应该学习一些幼儿园游戏和课程来教孩子们。当孩子去公立学校后，探访员应和他们的老师熟络起来。

“我们的一个探访员持续走访一位寡妇和她的孩子达两年之久，尽管这种沟通交流进行得还算顺利，但她毫无成就感，直到后来她听说那个 13 岁的女孩在学校遇到了麻烦并且有退学的危险，她就去见了孩子的老师。那个女孩总是穿着入时，老师并不知道她是个可怜的孩子。见过探访员之后，老师告诉女孩，她的妈妈为了她的教育做出的牺牲，并且激励她去做她应该做的事，这样她母亲的努力才不会白费，最终，这样的方式感化了女孩。探访员用这种方式说服了女孩表现得当，并且让她能够继续上学，这正是因为她已经走访过这个家庭一两年，并且可以很确定地说出这个家庭的情况和特征。”[1]

如果人们生活的地方没有强制教育法规的需求，没有人愿

---

① Miss Z. D. Smith.

意和穷人一起工作。现在仍有各地的人在谈论教育穷人会有"超越他们的地位"的危险,但那些从实际交往中接触到大城市里的穷人的人却认为,全面教育是最微不足道的威胁。学校住宿设施的不完善致使其无法惩罚逃学行为,而这是一个更大的危险。而且,在一些州,强制教育法的缺失使得儿童成为交易和父母贪婪的直接受害者。探访员应禁止那种父母对增加家庭收入的渴望,而忽视打工赚钱严重危害孩子的身心健康以及道德教化的事实。凡有强制教育法,探访员应与那些玩忽职守的官员合作,确保其执行力。如果没有这样的法律,就应该尽可能对父母施加压力,让孩子们上学。底特律希伯来慈善社拒绝对阻止孩子们上学的家庭提供援助,我们所有的救助机构,包括教堂,都会很好地采用这条规则。

儿童救助机构中一些优秀和尽职的工作人员注意到有关儿童雇佣工问题的警告。Anna Garlin Spencer 太太说:"事实上,各行业已经发现并建立了可以利用童工获益的工作方式,正是这种工作方式让各行业成了一个上下一致的磨盘,在贪婪的雇主和贪心、贫穷的父母之间,孩子们的生活就经常被碾成了粉末。"①

① Proceedings of International Congress of Charities, Chicago, 1893. Volume on "Care of Children," p. 7.

Florence Kelley 夫人在她作为工厂检验员的经验中写道："我不是说每个男孩都会被他的工作毁坏，我的意思是说，孩子上班的时间越早，毁掉他的可能性就越大。与此同时，我想表明的是，根据对已经参加工作孩子的科学调研，都深刻地从侧面反映了流浪汉问题、失业问题，以及所有有关少年犯的问题。移民与大城市密切相关的一个原因是，他们有更多的机会从儿童的工作中赚钱，或许再也没有一种像这样直接剥夺儿童的现金价值的简单有效的方式，来分散我们灾难性增长的群体。"①

另一个阻碍儿童接受正规教育的原因是，不让他们上学而是去打杂，例如帮父亲送晚饭，帮着做家务。女孩子总会因为一些琐碎的原因很早就离开了学校。

儿童发展的最近研究表明，许多儿童道德和精神的扭曲可能要追溯到身体缺陷。在处理偏执任性和迟钝的儿童时，探访员应牢记这一事实，通过观察或求助医生，发现儿童的缺陷所在。发现缺陷越早，就越容易治愈，因此探访员应该学会对视力和听力有障碍的儿童进行简单的测试。

《慈善评论》②中有一篇每个探访员都应该阅读、非常有启

---

① Proceedings of Twenty-third National Conference of Charities, 1896, p. 164.

② "Charities Review," Vol. VI, pp. 433 sq.

发性的文章。克罗恩(Krohn)教授说，在“愚钝”儿童的案例中，一百个中有九十九个是由于听力受损。他讲述到，一个班上有一个女孩没有答对问题，被老师说成是“全学校最愚蠢的孩子”。下课后，我告诉那位老师，我不认为那个小女孩智力愚笨，有可能存在一些身体缺陷堵塞了信息传递到她活跃小脑的通路。于是我在课间休息的时候找机会去跟她聊了聊，我发现，我的秒表在距离她的右耳九英寸，左耳十一英寸的时候，她才可以听得到声音。而一般的孩子，在相同的条件下，距离二十一英尺的时候，就可以听到秒表在嘀嗒作响。这个可怜的孩子在无法听到问题的时候，如何答对问题呢？每个答案都只是猜测而已。过一段时间后，那些孩子就会认为尝试去回答问题根本没有用，在这种情况下，任何孩子都会变得愚蠢。在我的建议下，这个小女孩被安排在老师办公桌旁的座位，并且后来这种特殊的痛苦经历也渐渐得到了回应……从那以后她已经有了显著的改善，在上个学年结束时，她在班上名列第二。

针对使人头疼的任性儿童案例，探访员应征求当地儿童援助协会代理人的意见，他们往往是专家，乐于帮助认真从事这类工作的人。波士顿儿童援助协会在1896年的报告中列举了两个因身体缺陷而逃学的案例。案例一是一个十岁的女孩，她的眼睛被发现是有缺陷的，协会的代理人在帮她戴了合适度数的眼镜之后，把她送回了学校。案例二是一个八岁的男孩，他讲话有轻微口吃。若不是他告诉代理人，没人注意到他的同学都在取笑这个孩子。在男孩的老师了解情况之后，嘲笑和逃学的情况就没有再发生。

马萨诸塞州有一套完善的体系来处理处于缓刑期的少年犯的首次犯法行为，这份报告也同样说明了儿童援助协会缓刑监督官的工作。“一个已经处于非正式缓刑期的十五岁男孩，显然他表现很好，但是突然被带进法庭，被指控在晚上闯入雇主的商铺。考虑到他过去的表现良好，法庭允许他在代理人的关照下进行缓刑。他告诉 Lawrence 先生，他阅读的那些低俗的书和参加的低级趣味的想要博人眼球的活动让他有了罪恶的想法。在这个男孩的主日学校老师的帮助下，他尽力去改正，开始有规律地生活，从公立图书馆借阅积极向上的书籍，这些都做得非常好。”

慈善团体渐渐发现，对孩子来说，这些私密性和预防性工作的重要性，而这些工作是建立在了解他们的习惯和性格的基础上。这些工作很大程度上需要志愿者来做，探访员和贫穷家庭的友好互动关系，才能让他真正适合这项服务工作。上文的例证强调了指导孩子阅读的重要性。教会他们如何使用公共图书馆是不够的，我们还应该知道他们在读什么，教导他们在阅读好的书籍时要有体会。波士顿儿童援助协会已经以这个为目标建立了一个令人赞叹的借书制度。这些小型家庭图书馆，把小的悬挂书箱放置在穷人社区的指定家庭，探访员要定时组织这群来自图书社圈的贫穷社区儿童进行图书会面活动，向他们介绍这些书籍，和他们做游戏，彼此增进了解。一个平易近人的探访员在任何一个贫穷社区建立这样的图书馆是很容易的。

对公民身份意识的培养是绝对不能忽视的。孩子们对自己国家的了解应该超越他们父母可以教授的内容。位于纽约第12西街230号的爱国者协会，他们的出版物是非常有意义的。该协会发行了一本《青年公民教义问答》(*Young Citizens' Catechism*)和一本名叫《我们的国家》(*Our Country*)的月刊。主日学校也会为探访员提供帮助，这是一个很好的机会，探访员不仅可以认识公共学校的老师，还可以接触主日学校的老师，他们应该从谋求儿童福利的各种计划中寻求合作。一所主日学校是一种帮助，但对于一个孩子来说两所或多所主日学校就会变得混乱，同时，我们应该尽力去劝阻那些我们负责的孩子参加多所主日学校。

父母送孩子们去不同的教会，都有一个精打细算的目的，那就是接触那些有利可图的慈善团体。这种把孩子推上前去获得同情，送他们去寻求老师、神父和慈善机构的帮助的行为，对孩子显然是很不好的。人们想知道，慈善机构怎么会允许它变得如此普遍，家中父母身体健全的孩子不允许发出乞求的申请或信息。

所有因为慈善行为而引发的痛心事件和罪恶行径中，儿童上街乞讨、流浪是最令人发指的一种。一个掌握行乞技巧的男孩去教另一个孩子，起初行乞得来的钱用来买糖果和香烟，后来用来赌博，出入那些鱼龙混杂的活动场所，下一阶段就是小偷小摸，接下来就是入室抢劫，虽然在少年管教所里承诺悔改，但总是以失败告终，最终成为一个职业罪犯。我目睹过很多孩子走这条路，考虑不周的救济让他们陷入了诱惑中，这是一件让人心痛的事。有时，父母会对这种儿童行乞的行为视而不见，但通常情况下，直到这个孩子已经变得无可救药的时候，父母才知道这件事。说服每一个人去相信给大街上或家门口那些来路不明的孩子施舍钱财是很残酷的一件事，严格的法律执行才能抵制儿童行乞。

有的时候，保护儿童免受虐待，因玩忽职守而犯罪，或者保护他们免受父母的控制，忽视法律而造成道德缺失，这些对于探访员来说是一种艰难的职责。这时候儿童保护协会总是提供一些有价值的协助。这类协会的工作很可能受阻于慈善组织探访员在法庭上不愿意说明他所了解的情况。有时候探访员不愿意说是因为胆怯，有时候是因为害怕在社区失去影响力。神父通常是因为后者才拒绝提供证词的。一个关注点集中在社区里一个家庭的友善探访员，不用如此谨慎小心，连续几个月的走访，使得他的证词更有价值，当一个孩子的未来危在旦夕的时候，对在家庭成员中失去影响力的担心是不足以阻止他说出真相的。在恶劣的环境中只几个月的时间就可能意味着孩子道德世界的幻灭，而邻居们却不愿意说出真相。

关于寄宿儿童，将他们无偿安置在乡村家庭或是将他们托付给机构照顾都会面临威胁，这是棘手的问题。Mason 女士在英国政府做了 12 年的寄宿儿童监察员，她认为："如果执行得好，对于寄宿儿童来说寄养是最好的选择，若执行得不好，这种方式或许是最坏的。"有一种非常愚蠢的说法，最坏的家庭也比最好的福利机构强，但是没有人了解在所有说法的背后，坏的家庭到底有多糟糕，好的机构到底有多优秀。其他事情也是如此，一个家庭确实要好过福利机构。友善探访员应该让自己在给定的情况下熟悉这个主体，做好准备，在当地允许的条件下，尽可能对寄养家庭做出最明智的选择。当然，要切记，你的职责并没有就此结束。如果孩子被安置在可访问的范围内，你还应该进行跟进访问。

探访员还应熟悉当地保护儿童的法律。这些法律通常包括反对儿童乞讨，反对向未成年人出售酒类和烟草，反对雇用儿童成为商贩、公众歌手、舞者等，反对因超过规定时数对低于法定年龄儿童的雇用（或完全禁止雇用），反对以不道德目的诱拐并窝藏未成年女性。

除了掌握以上这些细节，什么才是探访员明确的目的呢？我们要看到孩子的生活情况比父母更好，他们得到了拯救。看到那些男孩们更有能力成为养家糊口的人，而女孩成为家庭主妇。通常我们公立学校的培训看起来是不够的，我们期待有一天每一个 6～16 岁的男孩或女孩都应该接受培训，学会如何利用他们的双手和大脑，手工课是每个学校日常教学的一部分。在这一天来临之前，探访员应该好好利用男孩女孩夜校课程俱乐部，寻求居民协会和基督教协会的援助。我们应该去了解一个孩子的能力并且对他们的小小野心进行鼓励。

但是，毕竟最好的帮助是探访员可以从正在成长的孩子身上获得的个人影响力。我们总在思考个人影响力到底是如何影响我们的生活，它是如何塑造我们的信念、我们的品位、我们说话的方式，甚至我们不应该让我们的孩子失望。如果我们可以把他们和自己紧密联系在一起，给他们在生活上提供一个全新的、更好的观点。孩子们在学校生活到安家立业中间这段混沌的人生阶段，是我们最能帮得上忙的时候。很多年轻人在这个阶段由于缺乏帮助，缺少一个朋友在就业、择偶、娱乐和家庭关系方面给予建议而走向沉沦。慈善事业未能为这一关键时期做任何充足的准备，部分原因是我们大城市已有大量已婚的流浪汉。

扩展阅读：

On care of infants see leaflets of local Boards of Health. "The Working Child," Florence Kelley in Proceedings of Twenty-third National Conference of Charities, pp. 161 sq. "The Working Boy," the same in "American Journal of Sociology," Vol. II, No. 3. "Child Labor," W. F. Willoughby and Clare de Graffenreid in publications of American Economic Association. "Influence of Manual Training on Character," Felix Adler in Proceedings of Fifteenth National Conference of Charities, pp. 272 sq. "Children of the Road," Josiah Flynt in "Atlantic," January, 1896. "Family Life for Dependent and Wayward Children," Homer Folks, volume on "Care of Children" in Proceedings of International Congress of Charities at Chicago, pp. 69 sq. Story of "The Child's Mother," in Mrs. Margaret Deland's "Old Chester Tales." "The Wisdom of Fools," Mrs. Margaret Deland (see, for difficulties in reclaiming girls, the story entitled "The Law and the Gospel"). Reports of Conventions of Working Girls' Societies at Boston, 1894, and Philadelphia, 1897. For pamphlets on School Savings Banks apply to J. H. Thiry, Long Island City, N. Y.

第六章

健　康

在慈善调查范围内，大约四分之一的贫穷是直接由疾病造成的。Warner 写道："在美国和英国的经验中，归因于这一原因的百分比，仅有一次下降至略低于百分之十五，从未达到百分之三十。平均值介于百分之二十和二十五之间。这是这些表（关于贫穷的统计根源）所提出的最重要的事实之一。这不是作者在收集统计数据时预料的，而是已被证实并通过许多方法重新确认的。统计结论似乎不可避免地指出，这些数字阐明了真实且重要的事实。与赤贫阶层的亲身交流让他更加坚信，身体和精神体质的衰弱往往会相互作用形成实际疾病，这些可能是贫穷的原因，也可能是由于贫穷而造成的。"①

这一事实使现代慈善事业为穷人改善住房，提供开放空间、廉价浴室，以及提供更好的市政卫生而所做的一切努力更加重要。但这些事情的改善不能完全建立在虚无的基础上。"示范单位意味着一个模范租户。"正如伦敦当局所说："房子的状况可能会降低其居民的身份，居住者不良的生活习惯将破坏房屋，使其变得肮脏和不健康。"友善探访员应尽量使家庭住户心态平和地表示对不卫生的周边环境的不满，并为他们准备更好的住宿。然而，如果这些经济住房很快被重新占用，那么让这些家

① "American Charities," p. 40.

庭从不舒适的住房中搬出来是不够的。还应该向卫生局报告他们的情况，如果这些住房被认定是不可再利用的，那么我们将不会看到有人再搬进去了。

我常注意到，那些总是在穷人社区工作的慈善代理人，他们几乎难以察觉所处环境的不良卫生状况，并且能够很好地适应这样的环境。志愿者不太可能犯这样的错误，尽管志愿者有可能不太留心。他们常常感觉事情哪里不对，但无法说明具体的问题。细心的探访员应该了解地下室、墙壁、院子、管道和室外的状况，应当学习如何测量房间的使用面积，以便给每个床铺都留好空间，应当学习家庭垃圾处理方法，应当学习房屋是如何做到通风的。并且探访员在学习这些知识的时候，最好不要问太多问题。湿气是引发疾病的常见原因。当孩子咳嗽时，探访员应询问地窖的情况，并在得到允许后查看地窖，这是一件非常简单易行但很要紧的事。

对新鲜空气，特别是对夜晚空气的误解是一个难以克服的问题。一个母亲，总是小心翼翼地保持孩子的清洁，永远不能理解新鲜空气的价值，直到一位探访员向她解释说，空气是如何被我们呼出的污浊空气污染了，就像我们洗过手的水把水污染了一样。如果孩子们吸入这种污染过的空气，就会造成“内部污染”(dirty inside)，这番朴素形象的讲述给那位妈妈心中留下了不舒服的印象，后来她总要保证屋子彻底通风。

如果没有草图设计，很难在小型房子里建造通风设备。但是在烟囱旁边，上面的窗框是一个最简单的通风口，而它应该是灵活的。一块约五英寸宽的木板就能在上下两个窗扇之间产生空气流，而且更好的是，两个固定在电路板上的弯头管加一个气流调节器将会带动空气流向上进入房间。另一个通风机可以通过将松散编织的材料条粘贴到上窗框和窗框的顶部。当上窗扇掉落时，材料在开口处被拉紧，在允许空气通过的同时改变气流方向。

和屋内新鲜空气同等重要的就是户外锻炼。几年前发生的一件事让我很吃惊。一次，六个主日学校的男孩跟我一起短途出游，目的地是我们最大的城市公园，其中五个孩子从来没有去过那里，尽管时间和金钱对于他们来说都不充裕，但这也不应该是主要原因，最重要的是他们缺乏一种蓬勃向上的活力。

有一种简单却流行的说法，肥皂和水都很便宜。像许多其他的流行说法一样，这样的说法并不全是对的。当你把保持身体完全清洁所需的时间、精力和换衣频次考虑进去，那么个人清洁就昂贵了很多。探访员应该意识到要尽力去推行更高标准的个人整洁，即使没有立即见效也不要着急。清洁和健康是密切相关的，因此这些努力是非常值得的。如果探访员犹豫着要不要向孩子的母亲抱怨对女孩护理问题的忽视，他应该请求跟女孩度过一天，晚上的时候，把这个干净、可爱、粉扑扑的孩子带回家，那么她的父母就会得到暗示。

对于探访员来说，变成一个危言耸听的人是很不幸的，因为在穷人中有很多潜在的病弱者，其他地方也有，很多时候穷人完全忽视早期的疾病症状，或者自己服用成药。在日常报纸上做广告的庸医很受穷人的光顾，这些穷人也是那些万能良药和专营药品最大的消费群体。我们已经看到，儿童的身体缺陷可以在家中被忽视，成年人的身体缺陷和疾病也是如此。有时贫困地区的正规从业者提供的医疗服务非常便宜，有可能及时遏制穷人的发病情况。探访员可以帮助他们以合理的费用，在必要时免费获得更好的医疗服务。药房的服务等级差异很大，但是如果探访员与病人一起去了解医嘱及如何实施，那么医师意见和指导会更有用。通常家里的成年人都没时间和病人一起去看病，这个时候，探访员的服务就会有所帮助。比如，在接触传染性疾病时，他们会及时通知卫生委员会。

其他情况或许是相同的，但一个急性病例通常在医院比在贫穷的家庭能得到更好的、更经济的照顾。事实上，虽然医院原本是为了贫困病人而设的，但富人也被送去医院的做法正在迅速蔓延。穷人仍然对医院存在偏见，当医院护理的人道主义远不如现在的时候，它的生存就会成问题。如果探访员曾经作为病人住进医院，可以说出自己的经历或朋友的经历，或者如果他碰巧认识一些医生或护士，并且承诺会照料他们可怜的朋友，通常就可以克服这种偏见了。未经尝试和未知的恐惧是自然的，但现在将发生的事情会在之后表明医院很明显是个好地方，没有哪里可以取代它，他们拒绝让病人离开家庭，整个家庭将会蒙受痛苦和损失。在这种情况下，慈善机构有理由帮助家人通过扣留所有的救济来做出正确的决定。

黑人种族对医院的偏见最为严重。在第一个家庭中，我曾经拜访过一位黑人母亲，她已经卧床 13 个月了，根据她自己的说法，她是“被施了魔法”。起初，一提到医院她就歇斯底里、情绪失控，后来她同意让我的一位医生朋友来看她，我朋友诊断她患有坐骨神经性风湿病。我这位朋友说，她没办法在这样的家庭环境中康复，家里有四个年龄很小、吵吵闹闹的小孩，房子里的墙壁都是潮湿的。经过两个月的说服，我让这位母亲住进了医院，家里人搬进了一个干燥的房子。为了让她住进医院，我告诉她我认识这个医院的护士，承诺会常去看她，并在她离开的这段时间会好好照顾她的孩子们，但是最终扭转局面让她答应去医院的条件是用一辆两匹马的车送她去医院。

在以下几种情况，医院护理就并非切实可行了：长期慢性病患者；患者本身太过虚弱难以被移动；在诊所内被视为“门诊病人”的患者；因母亲离开家时孩子必须临时被安置在机构内，这个时候孩子就会得到最好的待遇。在这种时候，有些协会也会配备护士并且提供一些婴儿床。一些家庭如此堕落，他们期待多一些分娩的次数，这种时候我们将孩子临时安置在机构或邻居家，在这些情况下除了医院护理外我们什么都提供不了。对于医院外的贫困病人，目前许多城市提供地区护士。当这些护士小心地指导家属照顾病人时，她们的作用是特别有帮助的，而且她们往往不仅可以减轻痛苦，而还能提高家中的生活质量。在我们许多城市也可以找到饮食厨房，特别为病人准备免费的或费用很低的食品。

慈善机构为病人提供的帮助还不够，仍然需要这个国家为更多的康复期病人提供医疗服务，他们出院后，因为太过虚弱而不能恢复工作，还需要休息、健康的食物和新鲜的空气来完成治疗。

在这个简明扼要的总结中，仍然需要提到两类伤残病人。第一，事故案件。当案件涉及损失赔偿金时，探访员必须谨慎确保伤者获得法定赔偿金，同时还要提防律师，他们总是能从案子中获取一半的利益。第二，不治之症。医院为他们提供需要入院费的屋子，或者更多的时候是救济院。有时候探访员可以牵线有爱心的朋友和慈善机构的合作，因此筹集足够的资金来给这种病患提供帮助，没有这种合作，病患花钱会更多，或许最终也不会得到治疗。

慈善工作者经常会感到疲惫。他们在一段时间内做很多事情，然后又投身于新的工作，并且会抱怨帮助为什么总是远远不够。鉴于这种挫败感，在针对那些不治之症的病人制订计划时，要获得一笔能够一次性付清的资金，而不仅仅是依赖于一些人的持续兴趣。

关于病人的移居问题是我在这个标题下最后想要谈到的问题。加利福尼亚、佛罗里达州、科罗拉多州或我们国家其他气候条件对患者非常有利的地方，任何访问过这些地方的人，都应该意识到，将病患送到他们原本不属于的地方，是慈善工作人员不负责任的表现。最糟糕的是，气候的突然变化和不适当的照顾在许多情况下会加速死亡。Samuel A. Eliot 教授写道："丹佛牧师生活中最心痛的事情是，他参加了很多场孤独的葬礼，他总是匆忙地被叫去为一些躺在殡葬馆的穷人做祷告，在场的也只有殡仪员和牧师，也许还有是死者的寄宿家庭的主人，或者是慈善机构的管理人员。他看着被无知的善意带进无人问津的坟墓里的年轻受害者，想象着在新英格兰山坡上的农场里他的母亲和姐妹可能用最温柔的抚慰安抚他生命中最后几个小时。我不禁感到一阵苦涩，慈善机构的善意却错误地带给他一场悲惨的流亡和孤苦伶仃的死亡。”①

必须记住的是，只有在病人早期阶段，并且在比较舒适、无忧无虑的情况下，气候的转变才会有效。以慈善的名义将病人送到一个陌生的地方，没有为他们提供生活资料，这是极其残酷的。

① Proceedings of the Nineteenth Conference of Charities, Denver, 1892, pp. 91 sq.

扩展阅读:

Publications of local Board of Health. Proceedings of International Congress of Charities, Chicago, 1893, volume on "Hospitals, Dispensaries, and Nursing." "Instructive District Nursings" M. K. Sedgewick in "Forum," Vol. XXII, pp. 297 sq. "The Feeble-minded," Dr. George H. Knight in Proceedings of Twenty-second National Conference of Charities, pp. 150 sq. See also discussion in same volume, pp. 460 sq.

"The Care of Epileptics," William P. Letchworth in Proceedings of Twenty-third National Conference of Charities, pp. 199 sq. "Industrial Education of Epileptics," Dr. William P. Spratling in Proceedings of Twenty-fourth National Conference of Charities, pp. 69 sq. "Destitute Convalescents: After Care of the Insane," Dr. Richard Dewey in the same, pp. 76 sq. See also discussion on pp. 464 sq.

106

第七章

支出和储蓄

有一种新的慈善家流派倾向于轻视节俭，把勤奋和节俭都看作"节约的美德"。这个流派一定是属于贫民区社会改良团体的工作人员，他们谈到节俭的时候"通常比较沮丧"。[1] 但是，另一个反对节俭的理由是：只有雇主发现雇员工资还有利润可赚时，对劳动阶级来说才是好事。勤奋和节俭是否真的是节约的美德？我们本能地觉得它们还意味着更多东西。只要想到一个懒惰的人就会觉得他一定是一个胆小卑劣之人。而另一方面，一个热爱他的工作并全身心投入工作中的人，他所获得的就不仅仅是物质上的回报。无论是富有或贫穷，无节制和奢侈往往是一种不够善良和自我放纵，意味着在缺乏自我控制中缺失无私奉献这一重要品质。因此在提倡勤奋和节俭的时候，尽管这些美德像其他东西一样有不好的一面，但我们或许可以感觉到，我们正在提倡的这两个品质，不仅仅是对人性格特征的塑造，也是对社会美德的弘扬。

即便是悲观理论也无法接受和容忍这样的看法，即认为工人们为了保持工资率必须尽可能多地在无关食品和住房上进行消费。一个人若只是对自己的生活做必要的储备，不发展新的

---

① See Report on the Questions drawn up by Present Residents in our College Settlements, p. 17. Published by the Church Social Union, Boston.

和更高的要求，也没有明确定义的目标，基本上与最无节制的人一样无奈。比起那些被老板压榨的工人，这些人的生活更加无奈，他们过着很拮据的生活，生活必需支出对他们来说也成了一种负担，在自由竞争市场上，无论是他们自己还是同他们竞争的人都承受着折磨。对于无节制的人来说，成功的合作是不可能实现的。他们缺乏自控力，缺乏控制自己沉迷享乐的能力，所有这些使他们不适合协同合作，也让他们在工作中很难忠实于同事。因此，出于经济和道德原因，探访员可以提倡节俭这一品质。

这里我们用到了“节俭”一词，或许能帮助我们更好地了解它的本意。园丁把生长得非常茂盛有活力的植物叫作“兴旺的植物”。我们在做慈善工作时要铭记这一点，妨碍蓬勃发展的任何东西本质上都是不节俭。节俭不仅仅意味着储蓄。事实上，以牺牲健康、培训或为成功生活的其他一些必要准备而节省的费用其实是不节俭的；住在潮湿的房间里，确保便宜的租金是不节俭的；当孩子们吃不饱时却把钱存起来用于殡葬保险是不节俭的；购买专营药品或忽视疾病的早期症状，只是为了减少看病支出是不节俭的。除了以上提到的情况，把孩子从学校里拉出来，逼迫他们成为养家糊口的人，这样的做法也是不节俭的。因此，节俭是既包括储蓄也包括支出。

友善探访员经常抱怨说，在他们所知的贫穷家庭中，节俭是不可能的，因为没有什么可以节省的了。这通常意味着，一旦穷人生活中的困难时期过去了，友善探访员与穷人的关系也就终结了，并且在改善物质条件使得最好的友好服务成为可能的时候，他们就已经停止了走访。

任何试图将穷人进行分类的行为都是不可取的。但是，总的来说，使用分类只是一种暂时的便利，慈善工作者会发现，节俭习惯将穷人分为三类。第一类是那些非常节俭的人，这是一个庞大的群体。在长期的工业萧条期间，灾难所带来的不幸可能超过大多数未雨绸缪的准备，或者他们可能会因疾病或一些不可预见的意外而临时被孤立起来，得不到任何援助。第二类是那些在工作机会充足时愿意去工作的人，但是他们在争取工作时几乎没有任何坚持的信念和智慧。当他们有钱的时候，他们愿意慷慨地花钱买乐，去过那种舒服的小日子，不过很快就会成为救济申请人。债务对他们来说并不恐怖，从他们的角度来说，攒钱是没有用的，也不值得，因为他们觉得再怎么积攒也不能拥有足够的钱。第三类是那种既懒散又邪恶的人，他们逃避工作，靠耍小聪明生活，他们在乱世比在安定的时代生活得要好。“对于第二类人来说，慈善机构持续提供的帮助对他们来说可能会有好的结果，但也可能产生不好的结果。可能会让他们觉得，当自己有钱的时候就没有工作的责任，当他们没钱的时候，我们就要承担所有的责任满足他们的需求，这样的做法正在将他们推向第三类人群。但是，如果教育他们明白储蓄习惯的力量和累计价值，就会让他们对世界未来的变化发展有所预料，这样就能引导他们向第一类人群过渡，很快他们就不再依赖于我们的物质帮助了。"①

第二类人的特征是习惯于购买信贷(或赊账)。街角杂货店的商品广告不仅诱使购买者购买不必要的东西，而且这些东西的价格高于劣质商品的市场价格。一个大学实验室的学生，也是一个友善探访员，碰巧在他的实验中需要使用一些糖，因为很着急要用，就到距离自己最近的一个杂货店里购买，他花了比平时更多的钱。后来买的东西被证明严重掺假，他从此以后就非常谨慎了，并建议他的穷人朋友在买粮食的时候也要多加小心。信贷制度是收入不确定的自然产物，由此也很难避免，但是在一些情况下，如在买方因为生活必需品要求借贷的情况不存在时，这种信贷制度就可以持续一段时间。

信贷制度的另一种存在形式是根据分期付款方式购买家庭

---

① Leaflet on "Summer Savings," published by the Baltimore Charity Organization Society.

用品，穷人因此经常被能说会道的代理人嘲笑。一位老妇人的收入不足以满足她的生活需要，因为她的工作不稳定，因此她想通过分期付款的方式购买一个价值8美元的钟表。当她的探访员劝她说一个1美元的钟表也能满足她的需求时，她得意扬扬地回答说："是的，但是这个一星期只要25美分！"如果费用偿还不及时，购买者就可能会失去这个物品，因此，他们可能会尽快补上欠款。波士顿相关慈善机构的第十五次报告中记录了这样的经验："一个家庭通过分期付款的方式购买了家具，当丈夫突然失业，这套家具就被没收了，最后有一位慷慨的好心人帮他们赎回了家具。慷慨捐助者在犯同样愚蠢的错误之前很少能意识到他们自己能够为这些陷入麻烦的家庭提供怎样的经济救助。'起居室家具'被列为商品和私人财产的财产清单，按周偿还。"当分期付款的执法人威胁要没收财产时，最好要搞清楚他们是不是在合法的范围内行使权力。有人发现，他们会占那些无知者的便宜。这种体系本身是有缺陷的，它会在一定程度上促使人们买不必要的东西，还会提高价格。

当穷人借钱时，经常会遇到一类不道德的放债人，他们违反法律放高利贷，并希望他们客户的无知能帮他们逃避惩罚或损失。遗憾的是，那些自尊心强的穷人常常陷入他们的陷阱。首次陷入资金危机的家庭自然会受到动产抵押公司虚假广告的吸引，这些公司以借款人名下的财产作为担保提供借款，并承诺所有协定都严格保密。这看上去似乎是摆脱上述困难的一个简单方法，同时也不会丢脸并且不会得到令人感到折磨的关注。但是合同条款远远没有看上去那么简单。通过奖金、额外费用或每月支付“担保”贷款的制度，每年都需要从借款人身上榨取相当于总额100%～200%的利润。到最后血流干了，也无法支付这种高额的利息和本金，到时候借款人的财产被扣押，家庭成员也就成了慈善服务的对象。只要有这些借贷公司立足的地方，他们的很多受害者就会成为救济金的申请者。法律通常提供充足的保障，但借贷公司蓬勃发展却正是因为穷人对法律的无知。

一旦探访员了解到一个贫困家庭的货物被抵押，他应该立即了解借贷公司是否强迫付款，了解合同的条款之后，向一些律师朋友求证这份合同的有效性。马里兰州的合同形式通常是6个月的抵押贷款，包括6%的利息，记录的法定费用从后期借款人的金额中扣除。但除此之外，根据贷款规模，从2美元上调的票据每月应付给担保贷款的第三方。律师建议不对这些票据进行支付，并且在抵押期满时提供本金和法定利益。如果这个建议被拒绝，该公司就会自行承担赔偿扣押家具的诉讼。所以，在每一种情况下，由于合约有所不同，最好有律师的意见，对于那些无知的人来说，他们签署的6个月抵押贷款其实是1个月的抵押贷款。

反高利贷法可以保护那些对法律有足够了解的人，但依然没有为穷人提供任何令人满意的贷款谈判手段。法定的利率太低，无法使贷款实质性获利。唯一的补救办法是，热心公益的商人在公司内部建立组织，这些公司冒着风险去寻找那些特殊法规，使他们能够收取不超过合理的利率的费用。这些公司已经在波士顿和布法罗成功建立，建立这些公司的慈善家也是商业人士，他们聪明地认识到将这些贷款机构置于公平的业务基础上的重要性。这些公司不鼓励那些不能正确协商贷款的人申请贷款，因为贷款是非常谨慎的。公司会使那些获得贷款的人士得到公正的处理，并在正确的时间帮助他们，以免他们成为慈善机构的申请人。最重要的是，这样的做法使其他贷款公司被迫降低利率，并提供更公平的条款。

典当货物的习惯在美国从未成为普遍现象，但在其他国家，这是常见的做法。慈善典当起初兴起于纽约慈善组织会社，慈善典当行降低了纽约其他当铺的收费。

慈善机构将贫穷人士作为借款人并从中获利的这种新想法仍处于尝试性和实验性的阶段，但它的开始与早期历史上的储蓄银行有着惊人的相似性，也预示着它很可能成功。Lowell夫人说:"很少有人记得,储蓄银行这一伟大计划的最初构想是成为帮助穷人的一种手段并且付诸实践。最早的两个储蓄银行,一个于1778年在汉堡建立,另一个于1787年在伯尔尼建立,两者或多或少都严格限于家庭雇佣工、手工业者等。其中,汉堡银行是贫困基金整体管理的一部分。"[①]

当穷人试图储蓄的时候,什么样的诱因对他来说是最重要的呢?首先,他很有可能是想储蓄一些明确而立即可得的物品,因为他除了选择储蓄,找不到另一种更有效的消费它的方式。因此,在教授一些懒散家庭以小额数目储蓄的时候,最好把明确的利润突出呈现出来。例如,劝说孩子们攒钱去购买所需的衣服,或者父母为孩子们积攒资金去买衣服、床上用品等。这样会加强家庭感情,并且通过向他们介绍钱可以用来做什么,为他们后期开设银行账户做铺垫。[②]

仅次于这种对于节制来说立即见效的诱因是对穷人埋葬的恐惧,对于穷人来说,相比较于对依赖或匮乏的恐惧,这是一个更有影响力的动机。对死者的尊重程度是通过贫穷居民的葬礼来衡量的,无论我们是否能够接受邻里的这种道德和尊重标准,

① "Public Relief and Private Charity," p. 109.

② See Fourth Report of Boston Associated Charities, p. 38.

我们都不能在慈善工作中忽视它们。奢侈的葬礼是一种邪恶，我们应该利用我们的影响力来劝阻奢侈，即使它在虚荣上的影响是根深蒂固的。但是，由于无法理解邻里的观点，对于慈善机构而言，这种不礼貌的态度反而助长了奢侈的储蓄形式，即葬礼和儿童保险。

对于美国向穷人提供工业保险的优点，不在本书的讨论范围之内，但最热心的工业保险倡导者很难说这是一种合算的储蓄形式。一大部分行业政策已失效，不难发现这样的事很常见，长期为保险人缴纳费用并把钱花在其葬礼的人，最终都成了此事的受益者。"一名寡妇收到的 200 美元的保险金，180 美元给了办理丧事的人，剩下的 20 美元用于给自己置备一身参加悼念会的服装，当时这个家庭正在接受协会的紧急帮助。"[①]在纽约，慈善组织会社的代理人认为以下是一个典型的例子：一名丈夫以 136 美元的价格投保，当他去世后，他的妻子打电话给为他们的孩子承办过殡葬的承办人，在上一场葬礼中承办人拿的费用减少了很多。那女人告诉承办人，她只想要一场只有一辆马车的那种非常便宜的葬礼，这是她给予的唯一指示。承办人询问

① Eighteenth Report of Boston Associated Charities, p. 27.

死者是否投过保险，女人告诉他死者投过保险，于是他提出收取保险金，并把剩下的金额留给了寡妇。他收益 102.5 美元，当然这类事件并不能说明承保人和保险公司之间有任何的勾结。

我们在另一章中已经看到，疾病是贫穷长久以来的原因之一，生病几周或者几个月之后发生的死亡事件只有在极少数情况下才会发生。相比较于殡葬和人寿的保险，穷人更需要疾病福利，穷人的子女除了获得体面的埋葬之外还需要许多其他东西。事实上，那些花费在儿童保险上的钱对儿童来说往往是无益的，这些钱更需要用来保护儿童的健康或提供教育。这些应该是父母在没有卑劣动机里的情况下首先关心的事情，同时把孩子视为一种合法的投资。穷人有权在他不再能够工作的情况下期望依赖他的孩子生活，而忽视他们的最大利益是毁掉自己的未来。

有益的社会和良好的秩序提供了一种挽救病人福利的手段，但它们具有不同程度的功劳和可信度，因此无法在没有认证的情况下相信它们。他们没有获得与英国友好社会相同的立场，部分原因可能是因为它们在美国不受同样的法律约束和官方监督。

尽管储蓄银行经常对这些人开放，很容易从这些人身上把钱撤回来或者在银行最需要钱的时候很难从他们身上把钱撤回来，但是，储蓄银行在规定了一系列限额之后，仍然是小额储蓄最安全最有利的一种储蓄方式。另一种储蓄方式是针对不容易撤回的个体，就是购买信誉好的建筑和贷款协会的股份。

一些银行通过设立一些机构售卖面值小的特制邮票，并且在几个城市里，慈善机构已经建立了邮票储蓄协会，在社会范围内促进储蓄习惯的养成，特别是儿童储蓄习惯。当以这种方式保存 5 美元时，就应该开设一个银行账户。一名探访员发现，要让孩子学会储蓄，就要将某个人的邮票储蓄卡展示给他们，这有助于激发他们的兴趣。作为教导儿童储蓄的一种手段，探访员应鼓励在公立学校开设介绍邮票储蓄的课程。

促进小额储蓄的另一种方法是派遣志愿者到贫困人口中，每周访问固定的家庭，收集五分、十分的零钱，直到收集的钱足够开立银行账户。这项工作可能需要与友善探访相结合，虽然收集者必须定期访问，在很多情况下，这些友善探访员不定期的访问会有更好的效果。一个探访员总是在她夏天离开的时候给她的家庭开设一个小型账户，等到她再回来的时候这已经成为一种家庭习惯。

燃料储存成为受人青睐的项目，这个项目用于养成储蓄习惯并且即使购买很少的金额，也是被允许的。在夏季，可以鼓励家庭每周投入小额资金进行燃料储蓄，而不是在冬天煤价很贵的时候买入很少的数量。提前在夏季购买，每一吨燃料大约可以节省一半的花费。

教育那些混沌不堪、懒散无规律的家庭学会节俭，我们可以从同一社区的邻居或收入相同的更多的家庭中获得许多宝贵的建议。为了有效地提供消费意见，人们必须知道家庭的收支预算，而这往往是家庭所忽略的。学习为每一项支出做记录是学会节俭的第一课。最重要的是我们自己的态度。“我们不能习惯去说‘不值钱的东西，它们什么也做不了’。我们应该转变对待它们的习惯，不能将其看成通过增强肌肉力量和提高大脑智慧来照顾自己的男男女女，而应将其看成被允许与我们共同生活在一个社会的动物，只不过它们用来增强自身力量和肌肉的能力要么被剥夺了，要么无法实现。我敢保证，那些倾向于转变感情的人，会将穷人看作无法独立生存的动物。”①

① C. S. Loch in Fifteenth Report of Baltimore Charity Organization Society.

扩展阅读：

“The Development of Thrift,” Miss Mary Willcox Brown. “The Standard of Life,” Mrs. Bernard Bosanquet, especially the essay on “The Burden of Small Debts.” Annual Reports of the Workingmen’s Loan Association, Boston; the Provident Loan Association, New York; and the Provident Loan Company, Buffalo. For stamp savings, see reports of New York Charity Organization Society (Committee on Penny Provident Fund).

第八章

娱 乐

我曾说过，延迟享乐的能力是文明的标志。还有另外一种标志，在繁忙的美国，富人同穷人一样都会否认这点，那就是我们获得快乐后享受它们的能力。慈善工作者仍旧低估了享乐能力的价值。他们容易将基本需求的满足看作穷人的一种典范美德，然而，那种根源于更为多样和更高级欲望中的不满则是一种巨大的前进动力。F. G. Peabody 教授引用了 Lasalle“无欲无求的本性是阻碍穷人进步最大障碍之一”的论述，认为享乐能力在受压迫者和肮脏者的生活中似乎已经死去，而在其他人的生活中，则被扭曲成为一文不值和有辱人格的乐趣。

Octavia Hill 小姐的一篇文章中有一段话，对这个问题可谓是抛砖引玉。她说，盎格鲁-撒克逊人（Anglo-Saxon）对于冒险的热爱和不知满足的个性，在某些情况下使其成为最伟大的探险者和殖民者，而在其他条件下，同样的力量也足以摧毁他。由于不满意贫穷施加的沉重责任，他在酒吧和赌场寻求人为的乐趣。向这样一个人传教知足是徒劳的。我们必须以更健康的享乐，或是其他更好的想法来取代，否则社会就不能改变他。在人们所有的玩乐形式和娱乐活动中，虽然有些对我们来说似乎粗暴而又有辱人格，但是它们也同样在不停地寻求表现人性中最高层级和最好的东西。不仅要表达出对冒险的热爱，还要表现出对社交的喜爱和对爱的赞美。当我们意识到某些恶习只是对本能的歪曲时，我们已经迈出了改变它们的第一步。

有人说，一个人的快乐给了我们衡量他的真正标准，而要改变这种标准就要改变这个人。从这个角度来看，娱乐的主题与友善探访员访问穷人的关系很相像。我们曾仔细研究过家庭的开支和收入、卫生环境、工作记录和饮食，但只有当知道了让这个家庭愉快的原因，才能说了解这个家庭。一位探访员说，她从来没有对穷人家庭有熟知的感觉，直到她和他们一起开怀大笑。探访员幽默感的缺失对于工作的成功是一个很大的障碍：穷人不是我们这种喜欢忧郁的人。当我们来到娱乐场所，友善探访不仅使我们意识到自己认识的不足，而且使我们认识自己。我们的愉悦像衡量我们贫穷的朋友一样衡量我们，除非我们一直保持鲜活的享受的能力，否则我们不希望将这种能力转移给穷人，或满足他们更新更好的需求。

假设我们可以独自拥有它，我们会尝试传递给穷人一些怎样的健康想法？首先，最简单的是，我们应该尝试在家庭圈子中引入简单的游戏和纯粹的乐趣。我感谢波士顿儿童援助协会的 Beale 小姐，提供以下简单的游戏，每天晚上可以安排站立和坐姿游戏：

第一晚

1. 隐藏套管

2. 盛豆子的袋子

3. 多米诺骨牌

第二晚

1. 舞台教练

2. 嗡嗡声

3. 元素

第三晚

1. 热黄油蓝豆子

2. 杰克吸管

3. 果篮

第四晚

1. 何种方式、何时何地

2. 数嗡嗡声

3. 魔法拼写

第五晚

1. 五子棋

2. 地毯上的污点

3. 丢手绢

第六晚

1. 茶壶

2. 抢椅游戏

3. 文字游戏

第七晚

1. 讲故事

2. 吹羽毛

3. 小作家

第八晚

1. 滚弹子入洞穴游戏

2. 我有一只公鸡要出售

3. 礼貌

在这样的游戏教学中，最好是从孩子们开始，但父母有时也可以被引导参与其中。讲述故事也是我们努力逗乐孩子的一种无可比拟的资源。

现如今让儿童感兴趣的户外游戏有很多，无轨电车已经使得国家越来越小，所以家庭旅行十分频繁。没有什么比我们城市中许多穷人对于乡村的恐惧更令人悲哀的了，教给他们乡村的快乐，就是让他们恢复被剥夺的与生俱来的权利。对植物和园艺的热爱是另一种健康的乐趣。木犀草、天竺葵、白花紫露草和虎耳草在狭小的空间里长势良好。一位访客送给一个生活在没有光照的经济公寓房里的家庭一盆天竺葵。后来，女人说："我每天都把它放在屋顶上，让阳光照耀着，当我不能做这些的时候，玛丽会做，而且因为担心它被偷走，我们还会留下来坐在它旁边，我也会带着宝宝，宝宝和天竺葵一样喜欢阳光。"

随着户外运动的乐趣越来越多，我们的生活也越来越自由，越来越健康，但我们很难将这样的优势传给穷人。有时，家庭中的女性需要很多动力才能让她们进行户外运动。自行车越来越便宜，当家中所有成年人都从事户外工作，一辆自行车将成为任何家庭的良好投资。如果探访员发现附近有体育馆，那么男孩和他们的父亲会被吸引去。正是有了这些增加的乐趣，假期不再是一个让妻子和母亲害怕的事情，因为有比在拐角处或沙龙上散步更有趣的事情要做。一位探访员曾使用手风琴来帮助治疗一个酗酒者——这是一个有点悲伤的事实，表明贫穷的家庭，生活乐趣也贫乏。

书籍、音乐和图片的乐趣应该在某个时刻触及每一个生命。一些审美乐趣，只有经过长期学习和准备才能获得，但最好的艺术，其吸引力是普遍的。就书籍而言，免费图书馆早已使我们熟悉这一观点。探访员应该知道距离最近的图书馆的规则，并且与家人一起去那里，以免他们不知道规则。波士顿第十区的酒馆主人抱怨说，在那里开放的公共图书馆的分店影响了他们的业务。除了鼓励使用借阅图书馆外，如果家庭借阅书籍能加强邻里关系，探访员也可以从家庭借阅书籍、报纸、杂志，探访员应乐于这么做。

好照片的正面影响才刚刚得到认可。友善探访员不能总是组织大型集资展览，例如在伦敦、纽约和波士顿较贫穷的地区提供的展览，但是他们可以在离开时提供一张好的照片或雕刻品，并可以随时用其他照片取代。这些集资展览可谓家喻户晓，像东湖荧幕上的斯托克顿的故事，彻底改变了家庭分工。所以，照片往往比布道更能有效地传递训诫意义。Barnett 太太在《实用社会主义》[①]中提到了一个在白教堂(White Chapel)举行的集资展会，牛津大学的学生作为向导对这些照片做了解释。这个夜晚，Schmalz 先生的照片“永远”被解释得淋漓尽致。房间里都是些谦虚的人，他们带着兴趣来进行解释，但是却默不作声。这张照片呈现了一位垂死的女孩，她的爱人一直在弹奏鲁特琴，他似乎在用激情的语言告诉爱人，他的爱比死亡更强大，尽管生死分离，他也会爱她直到“永远”。我站在展览外面的半明半暗处，这时两个没有戴帽子的女孩，共享一条披肩，走了出来。她们现在的生活可能不是最糟糕的，但即使不是，她们也很熟悉这种生

① “Practicable Socialism,” Barnett, pp. 119 sq.

活，并且只有男人和女人之间才有这种生活。直到这张照片将一个简单的故事呈现出来，这种生活下的爱才让男人与女人间的精神纽带存在，让永远成为现实。有人说，“真美，难道不是吗？”“嗯，是的，但是我做到了‘永远’，才是答案。”

我几乎一辈子都生活在同一个社区里，在过去二十五年中，我的音乐品位发生了很大的变化。George Peabody 倾其所有创办了一所音乐学院，一些音乐爱好者花时间和金钱来养活圣乐团。后来，托马斯交响乐团和波士顿交响乐团的访问增添了这些当地音乐中心的实力。但是多年来，皮博迪音乐学院遭受了嘲笑和误解，而圣乐团也常常遇到财务困难。我之所以提到这些事实，是因为音乐学院和访问乐团的人都对我说过，就他们所知道的所有好的音乐，穷人永远不可能欣赏到。但是，由于 George Peabody 和 Higginson 先生（创建波士顿管弦乐队的人）以及其他几个人的恩赐，他们自己永远都不知道享受伟大而又高贵的音乐的乐趣，至少在这个方面他们是最贫穷的人。但他们确信伟大的作曲家对穷人并不了解。当然欣赏音乐是很困难的，只有专业的音乐家才能欣赏，很多优秀的音乐，如果我们有机会熟悉它，就会被它们吸引。正如一位年轻的美国音乐家指出的那样，艺术气质和先天条件或种族问题没有关系。他使用音乐插图对纽约东区的观众和费城的黑人观众进行授课，他相信,“如果大众能接触到好的音乐,它们就能得到鉴赏,将流传得更远并得以升华。”“我的孩子喜欢音乐,这让他直接走向歧途!”一位可怜的母亲哭泣道。对他们来说,除了福音的赞美诗歌之外,音乐就是酒吧乐曲和低级音乐。因此,我们需要好的价格低廉的音乐会来抵制这种不良的影响。遵循 Theodore Thomas 音乐会陶冶观众情操的计划,这些观众首先获得了他们喜欢的最好的音乐,然后被逐渐熏陶,使他们喜欢更好的音乐。

在所有高级的娱乐活动都侵蚀了教育领域的情况下,我很乐意提及一些最有希望的教育活动,以此鼓励人们学习。总部设在费城的美国大学教学延伸协会,在贫困地区举办了非常成功的讲座课程。教育部在纽约校舍举行的免费晚间讲座的出席率也很高。女工俱乐部、基督教协会和人民学院教育课程的普及是另一个好兆头。但是我在这里提到这些只是为了强调他们作为探访员进行探访的渠道的重要性。在有追求的家庭中,探访员应该通过与类似于这样的一些教育机构建立联系来促进这些家庭发展。

我们有一种能够快速察觉到的明显的势利感,这种势利感会打击那些努力工作、穿着破旧衣服的人。但是,一种更危险且不明显的智力形态的势利形式声称拥有一种独特的文化权利,并且看不起古朴的文化。事实是,除了天赋异禀的少数人之外,我们都依赖于别人的给予获取喜好和知识。也许从来没有一个社区如此排外，但有许多人在那里接受教育、改进，并且很多美好的东西都被浪费了；也从来没有一个地区如此贫穷，但这里的一些人仍渴望美丽、教育和更充实的生活。

我们将在下一章中看到，当我们试图为穷人提供生活必需品时，我们会遇到很多困难。但当我们给予他们那些经过改善和提升但不是生活必需品时，我们会进行得很顺利。书籍、鲜花、植物、图片、一些简单装饰的礼物，或者如我所熟知的送几卷浅色墙纸，这些礼物可以照亮一个暗室。同时，这些礼物也表达了我们的友好和来自朋友的附加价值。最重要的是，我们应该毫不犹豫地与穷人分享我们从健康和高层次快乐中获得的喜悦，并且应该自然地与他们交谈我们的兴趣。

扩展阅读：

"Parlor Games for the Wise and Otherwise," H. E. H. "Faggots for the Fireside," Mrs. L. P. Hale. "American Girls' Own Book of Work and Play," Mrs. Helen Campbell. "Gymnastic Games," published by Boston Normal School of Gymnastics. "Methods of Social Reform," W. S. Jevons. "Picture Exhibitions in Lower New York," A. C. Bernheimer in "Forum," Vol. XIX, pp. 610 sq.

第九章

救　济

如果在前面的章节中，我没能说清楚这点，即帮助贫穷家庭的众多方法中除“援助”外，还有许多方法可以帮助穷人，那我就是犯了很大的错误。对于知道穷人真正需求的人来说，通过食物和燃料的馈赠来缓解苦难似乎只是慈善工作的一小部分。但事实是，绝大多数人对任何与饥饿和冷暖不紧密相关的需求依然无动于衷。他们思想迟钝，贫穷问题对他们来说要比实际上简单得多。在他们看来，这只不过是算术题上的一个数字，“一名乞丐，一个面包，一万名乞丐，一万个面包”，而“慈善面包”被认为具有道德和治愈品质，其他“面包”则不具有这些品质。

事实是，慈善资金和商品本身并不具有道德品质，即使是给予者的善意也不能赋予它们特殊的美德。然而，和其他商品一样，它们也可能成为善与恶的代表。每一次处理商品的方式都在考验着我们的真诚、我们的名誉、我们的精神意识。物质救济也在考验我们。如果我们相信它本身就能为穷人带来幸福，那么我们就是在用非常物质的眼光看待人类生活。另一方面，如果由不顾后果的给予而造成的伤害使我们对所有的物质资助感到怀疑，那么我们就失去了一个有价值的工具。在正确的时间给予救济并以正确的方式给予，会成为重新努力的动力，成为提高生活水平的帮助。

当探访员在家庭内部开发资源的创造力使得外界的物质救济变得不必要时，这个家庭就是幸福的。但外界救济也是必要的，那么问题出现了，怎么给予呢？一切都取决于“如何”。

首先，这是探访员需逐渐学习的一门课程。一些善意的探访员给予他们访问的家庭金钱或物品，这是非常不明智的，特别是在头几个月相互熟悉的时间里，尽管他们可能会意识到有必要看到救济是否从其他地方发放。“如果我们的一个探访员发现她访查的家庭遇到困难，没有办法工作，并以其他方式获得援助，她当然会像其他人一样伸出援手。但除了这些罕见的紧急情况外，探访员本身并不会为所访问的家庭提供救济。我们认为这是一个明智的规则，经过八年的考验，我们不会改变它。如果一个陌生人给你一份礼物，你会感到侮辱并会拒绝。假设你必须要接受它，那么它还会不会让你和那个陌生人之间产生难以打破的障碍？想象你有一种不同寻常的特质，你想要的任何东西都能得到，那么与一个你知道不会给你带来任何东西的人交谈会不会比一个你希望给你带来某些东西的人交谈更加自由和真实呢？对于探访员来说，这也是一条很好的规则。我们容易认为只要奉献出了金钱，我们的使命就算完成了，但当我们不能这样做时，我们就会使用聪明才智找到其他更好的帮助方式。”①

---

① Miss Z. D. Smith in Report of Union Relief Association of Springfield, Mass., 1887.

自上述文章写完之日起已有11年，几乎每个慈善事业工作人员的经验都能证实上述观点。友善探访员也是正常人，正如本书所描述的一样，他们的任务不是一件容易的事情。给予是件更为容易的事。但许多慈善志愿者的经历是，他们以善意为出发点，试图对他们所访问的家庭进行救济。首先是孩子的衣服，然后是租金，之后是杂货、更多的衣服和家庭的需求。直到发现他们的建议没有作用，救济家庭的生活状况也没有改善，慈善志愿者们就会离开。更糟糕的是他们会带着对穷人错误、扭曲的看法离开，奇怪的是这种情况似乎还在增加。穷人也学会不信任不连续资助的慈善事业。多一点自我约束和决心来清楚地记住目标，将会把慈善和穷人从一个两难的境地拯救出来。

当友善探访员认识一个家庭多年，他们之间的友谊已完全确立，可想而知，他可能是最好的救济者。但我们必须要防备这种态度，它就像是一种遗传、一种旧习会慢慢渗透到我们与穷人间的所有关系中，这种态度像是伦敦某教堂的一位探访员，没有购物券，她就不能感受到精神上的慰藉。除了给予者和接受者，资助者和被资助者这两种关系外，其他更自然的关系更有可能存在，认识到这一点对于我们和穷人来说都大有裨益。

然而，没有任何言论反对过探访员成为资助者，这可以理解成没有考虑过探访员救济家庭的方式和其对家庭幸福造成的影响。关于其成员的任何福利他都关心，成员们的精力因过度救济而瘫痪，然而因缺乏救济而造成不必要的痛苦才最让他担忧。要想有效地处理救济，需要进行特殊培训，没有经验的探访员应向了解特定社区的慈善资源和救济家庭所在社区生活水平的人士寻求意见。然而，有基本常识和经验的人认为，普遍适用的一般救济原则是存在的。我会避免使用慈善专家的技术语言，并尽可能简短清楚地说明以下六个相关原则。

第一个救济原则是，应该在家中单独或私下给予救济，所有救济问题都要与家庭主人商议。

当对贫穷家庭进行救济时，不应对此进行任何宣传，与家庭主人会面后，虽然主人个人无法提供生活必需物资，但他仍然需负责采购。除非主人是残疾人，否则他需要参与所有的商议。这意味着，不应该把妻子送到慈善机构和私人家庭寻求帮助，而且每个慈善机构，无论是公共的还是私人的，每个教会工作者和每个老师都应该积极拒绝接受由一个孩子发送的任何呼吁援助的消息，除了家庭中所有成年人都是残疾人这样罕见的情况。

忽视这种简单的预防措施，往往会使儿童辍学，并诱使父母利用儿童激发大众的同情心。巴尔的摩日报中有一篇题为“赤脚过雪地”的耸人听闻的报道，报道中描述的是一群体格单薄的孩子被送到警察局进行救援。经过调查，他们的父亲失业之后，脱下孩子们的鞋子，让他们去乞讨。

这篇报道说明了对个别情况进行宣传的危险。当穷人阅读报纸时，发现可以通过孩子得到救济，就会诱使他们用同样的方式利用孩子。更糟糕的是记者以贫困家庭的真实姓名和地址报道他们的处境时。这种报道有时会给他们带来大量救援，但是来自多愁善感陌生人的慰问，生活糟糕邻居的嫉妒，获得援助后的反对声、兴奋和不确定，他们的困境故事被一遍又一遍地口耳相传，家庭生活自然状态的破坏，在救济耗尽之后，都会造成持续久远的情绪低落。

在一定程度上，在任何地方将穷人聚集在一起进行救济分配都无济于事，不管是否是由命令所致而进行的救济。站在前排，推挤和等待，聚集和公开，都让人心情低落。遗憾的是，我们有时候把这种免费分发视为一种广告手段。但“慈善事业本质上应该是私人的”，而广告则以宣传为前提。我经常有机会给穷人圣诞节晚餐券、免费礼物和一般慈善物品，但是，当我更加了解穷人，更多地关心他们的福利时，我已经学会了憎恨成群结队帮助他们，对待他们就好像是对待牛一样的慈善机构。另一种吸引善良的人在寒冷的季节里进行救济的方式是免费送汤，穷人拿着水壶，“人人有份”。冒着热气的汤与在寒冷中瑟瑟发抖的穷人们形成鲜明的对比，善良的公民会把这种慈善视为“实用”，谴责反对这种方式的人认为“纸上谈兵”。免费送汤是廉价慈善事业中最廉价的。如果天气寒冷，人们在家中必须要生火取暖，并不需要熟食的馈赠。而汤也不是最富营养的食物，而且“人人有份”，最是吸引成群的乞丐，这就意味着那些最需要帮助的人会被乞丐挤走。

第二个救济原则是，我们应该寻找最自然、最不官方的救济来源，同时要牢记亲情、友谊和邻里关系。

适当考虑穷人的自尊，促使我们在进行救济时，从最合适的来源获得。一个仍然有信用的家庭根本不需要救济，对于那些仍然认为商业风险是公平的人来说，陷入债务危机比接受救济更好。除了信用外，亲属是最理所应当的救济来源。除非确定亲属已尽全力，或者亲属身上肩负的压力促使他们至少应该承担应负的责任，否则慈善机构会进一步削弱亲属间的自然联系。慈善机构应该知道或意识到，亲属是制止救济的一个绝佳理由。下一个救济来源是朋友，包括邻居和前雇主，为贫困家庭寻求援助的探访员，可以通过咨询这些人来寻找更好的帮助。不分青红皂白的慈善行为就是在摧毁睦邻关系。下一个来源是家庭成员所属的教会，或是加入的兄弟会。当所有这些来源都行不通，也无法向与我们利益相关的慈善人士获得救济时，我们应该向为救济穷人组建的协会寻求帮助，甚至是特殊的协会，像苏格兰的圣安德鲁协会,英国的圣乔治协会和希伯来的希伯来慈善协会。我们应优先考虑一般救济协会,这并不是在承担其他人的慈善负担,而是为了照顾无法从其他来源获得救济而无依无靠的家庭。

贫困家庭中还有一个救济来源。美国的许多城市仍然给予公众院外救济。这种救济被称为“公共的”,因为它来源于税收征收的资金,之所以被称为“院外”,是为了区别室内或机构的救济。有几个理由认为这是最不理想的救济形式。首先,这种救济形式通常由政治家管理,成为政治腐败的根源。但更重要的是由于它是官方的,因此不容易适应不同的需求。当一个家庭要承担大笔支出且需要慈善机构帮助时,私人慈善机构可以为这个家庭承担较大的开支。但官方的救济由于会担心开创先例而受到阻碍,而这种恐惧往往导致不充分的救济。此外,公共救济来自被认为用之不尽的来源,而公众一旦得到救济就可能将其视为永久养老金的权利,意味着他们不用履行义务。即使公正诚实地管理,然而就像在波士顿一样,最有经验的慈善机构工作者都认为这会让穷人和慈善机构士气低落。没有一个公共机构可以在慈善事业上提供必要的忠诚、友善和强烈的个人关系。它可以提供礼物,但不能提供给人,因为供给人是强制性的纳税人。本章末尾注明了有关此主题的一些资料来源。在这里不可能给出任何充分的证明,但是要注意到,在贫困家庭中担任志愿者的绝大多数人，都看到了院外救济对这些家庭的影响，他们迫切地希望院外救济能在所有的大城市中得以废除，他们还相信私人和志愿的慈善活动可以取代它。另一方面，公职人员常常主张院外救济。

任何一个家庭的救济源越少越好，尽管通常不可能从一个来源获得足够的救济。“即使一个人或整个社会都能做到这一点，困难还是很大。但是当一个又一个的申请者经过诱惑去反复地欺骗，还是得不到足够满足全部需求的救济时，每个供给者感到要为此事负部分责任，一个人愿意给予，而另一个人希望救济被扣留，从而摧毁对方的行动效果，因此我们认为，正确援助方式的困难大大增加。我们真诚地希望各类救济机构尽可能地采取分工合作，机构内每个人都要做分内的所有救济工作，让其他人做其他救济工作。”[①]然而，救济必须要有多种来源，但最好是通过一个渠道给予救济。

第三个救济原则是，救济不仅应该减轻目前的困境，还要为接受救济者的未来谋福利。

在决定给予或拒绝救济时，我们应以其对申请人未来可能的影响为指导。当我们坦白，救济是一视同仁时，大众普遍的看

① Fifth Report of Boston Associated Charities, pp. 31 sq.

法是，我们应该援助值得的穷人，拒绝援助不值得的穷人。“值得”和“不值得”这两个词没有太多意义，当我们说人“值得”时，意思是说，我们认为他们值得物质救济，但是“没有一个人是完全不值得救济的”。如果没有计划或目的地给予救济，就会伤害最值得救济的人。另一方面，聪明的探访员经常可以看清楚自己的救济方式，使所谓“不值得”的情况得到非常大的改善，并认识到物质救济才是解决这个问题的最好的办法。优于艰难和快速分类的方法是，我们的救济应该坚持可持续的原则，作为精心设计的计划的一部分，让接受救济的人长久受益。没有计划的救济的唯一借口为，有时需要提供“临时救济”用以解决目前的困境，直到我们了解所有事实，并制订计划。在这方面，救援工作非常像医生医治病人，对于不能及时缓解痛苦的医生，我们很少相信，我们也不信任没有询问病情的医生，或者是没有及时诊断就让病人尽快用药的医生。像医生一样，我们的救济工作往往只是漫无目的地下剂量。当情况发生变化时，我们也应该随时改变治疗计划。“有一个家庭，由于养家者得病而获得养老金，并在其死后持续六周，女儿们一直不愿意接受她们认为工资太低的工作，因为她们没有依靠自己的资源。”①

---

① Eighth Report of Boston Associated Charities, p. 25.

一个不基于事实的计划比无用的计划更糟糕。有时，探访员第一次来到要救济的家庭，会看到凄惨的境况，认为拜访一次便可对家庭情况一清二楚。他会在救济局呼吁立即救济，并补充说："我已经亲自调查了这个家庭。""调查"一词对于不同的人来说意味着不同的东西。根据伦敦"慈善组织评论"，救济时，救济人员有以下几个问题要自问。

"第一，可以做什么事情来增加家庭收入？可以增加工作的人数吗？可以教那些工作收入低的人向收入高的方向发展吗？他们可以得到更好的工具或申请吗？"

"第二，可以让目前的收入增加吗？"比如：

"(1) 租金高吗？在其他地方可以有同样的住宿条件吗？或者家庭可以减少住处。"

"(2) 钱有否被浪费？例如在医药，习惯性的典当，还是分期付款购买商品，购买不需要的东西，这些钱浪费了吗？丈夫和孩子们是否藏有零花钱？"

"(3) 是否将过多的钱花在上班来回路费上？如果是这样，家庭住址能否在不增加租金的基础上搬到工作地点附近？"

"这些只是救济人员想要进行全面救济所必须提出的几个问题，每一次他都必须考虑正在处理的问题，他必须试图让那些正在申请帮助的人也这样想。"

对一个明确的计划给予救济的最好理由是我们周围都是偶然的仁慈的结果：意志薄弱的妇女非法生产的后代，被醉酒的父亲虐至瘫痪的孩子，由乞丐沦为少年犯，被孩子忽视的年迈的父母。不同的人性弱点和堕落被慈善机构的"人人有份"进一步强化。

第四个救济原则是，与其每个人都救济不足，不如集中救济需要帮助的人。

从上述原则可以看出，当我们救济时，就应该充分救济。"谁可以真的批准不充分的救济？谁会真正赞成给予一个需要5美元的人50美分，并认为其他人会给4.5美元，为了得到救助，困境中的人不仅花费了宝贵的力量和时间，而且还牺牲了更加珍贵的独立和自尊……"

"每个城市都有许多不需要救济的家庭得到救济(只有一点可以肯定，但是伤害足够大)，在许多家庭中，有些成员可以工作但不去工作。可怜的妻子和孩子在加剧和延续困境，阻止男人不再逃避责任的方法就是让他知道他不去照顾妻子和孩子，还有其他人会。另一方面，有许多家庭应该多年被给予全部支持。例如，不能照顾和养育孩子的遗孀，而谁也不能把她们交给一个机构照料；这些家庭没有什么收入，或者说是收入微薄，只会让她们一直处于苦难中，抱着虚无缥缈的希望，乞讨为生。

"慈善人物不应该以某种方式来管理这两个相反的罪恶吗？

为那些需要帮助的人做更多的事，没必要为那些不需要帮助的人做任何事情，为此节省的钱财可以用来进行充分救济。”①

实施充分救济的慈善工作者并不意味着要满足所有明显的需求。没有经验的人常常看不到资源所在，忽视这些资源，我们就是在摧毁它们。

第五个救济原则是，通过明确说明给予或扣留救济的理由，要求接受救济者全心全意地合作来共同改进，以了解事情间的正确关系。

我们应该让穷人努力改善自己的状况，救济应该依赖于自己能为自己做的事情。无论我们给予还是不给予，我们的救济理由都应该明确说明，避免与他们讨价还价。例如，提供有限制的救济也不失为明智的选择。比如要求他们去属于我们而非他们的教会；或者让他们认为要得到救济，就要按照我们的思维方式行事。这样会削弱我们的影响力，诱导那些穷人欺骗我们。

第六个救济原则是，我们必须找到最符合特殊需要的救济形式。

救济的形式因个别情况和需要而异。正常的工作当然比任

---

① Mrs. Josephine Shaw Lowell in Proceedings of Twenty-third National Conference of Charities, New Haven, 1895, p. 49.

何救济都好，但慈善工作者要反对市场上没有需求的虚假工作。除非教育性的工作，或是被用来测试申请人的工作意愿，往往更好的是给予物质上的救济。

我们要避免被穷人们称我们为“慈善贷款”。我们可能知道他们不能偿还，他们可能也知道我们知道这点。当他们有能力偿还并且已经形成贷款时，我们应该像在任何商业交易中一样小心地收取债务。

另一种救济形式是实物救济，这对资金资助持有偏见。我们认为，杂货、衣服和小额燃料津贴都不会有任何损害，但事实是，如果资金资助不安全的话，那么与其相当的资助也不会安全。大型救济协会认为，批量购买商品更为经济，从而可以获得批发价格的优势。但是，就穷人而言，没有理由只给物资而不给现金。相反，许多穷人可以更大限度地利用资金。临时救济的钱不应该用于租金，除非情况严重危及家庭的福利。退租就像任何其他债务一样，房东与其他债权人一样都会面临损失的危险。慈善救济也不应迫使人们从一个地方搬到另一个地方来逃避租金。[1]

① See Fifteenth Annual Report of the New York Charity Organization Society, pp. 44 sq., and p. 55.

当机构照顾显然不仅是最经济也是最适当的救济形式时，我们有理由拒绝其他形式的救济。

在机构照料不切实际，救济需要长期进行的情况下，最好组织私人养老金，让所有的自然救济来源结合起来，通过一种媒介给予足够数量的救济。

虽然上述六个救济原则可以很容易扩展到二十个，但是如果没有对要实行哪种救济详细了解，没有亲自熟悉穷人的生活，那么这样一般性的概括对于救济人员来说就是没有价值的。因此，慈善事业的初学者一定要与有经验的工作人员进行协商才能做出关于救济问题的决定。例如，一个新来的探访员去寡妇家照顾她的母亲和两个孩子时，发现那个女人生病了，只收到她所在协会的一小笔疾病资助。虽然家境窘迫并不明显，但探访员立即意识到这个家庭收入微薄，并立即向距离最近的救济机构申请煤炭。事实上，这个家庭的收入与邻里的平均收入一样，这位寡妇从来没有想过要求救济。如果派送燃料，邻居知道后会立刻产生一种期待感，投机取巧的心理会代替节俭的习惯。对这些简单的头脑来说，似乎是女士们掌握着无穷无尽的救济资源。再说一个比较困难的例子，这个家庭早已经过了救济阶段；这个男人是位酗酒者，家里肮脏不堪，孩子们无人管教。救济人员立即进行协助。孩子们需要鞋子去上学，租金需要支付，煤用尽了。面对这样的苦难，初学者很容易给予，并且通过“大量”给予来满足良心。这是给他们带来通行证的一种方式，只有一个有经验和智慧的人才能够明白让自然力量找到解决困难的方法是多么明智，通过干扰来防治极端痛苦是多么英明。

过去的一个麻烦是，救援协会雇用的代理人并不总是很明智，但在这方面已取得了很大的进步，如今，在许多社区，慈善协会的代理人很积极，聪明的男女都接受了这项工作的特别培训。这些代理人经常与许多救济来源沟通，并防止我们接受同一个人的重复救济。也就是说，其他人已经满足了同样的需求。因此，有许多理由让我们与经验丰富的救济人士进行慈善工作。友善探访失败的原因通常是由于探访者毫无根据地假设提供物质救济是一个简单而容易的事情，这为慈善工作者制造了一些不必要的麻烦。

扩展阅读：

"The English Poor Law," Rev. T. Fowle. "The Beggars of Paris," translated from the French of M. Paulian by Lady Herschel. "Outdoor Relief," see Warner's "American Charities," pp. 162 sq. "Economic and Moral Effect of Outdoor Relief," Mrs. Josephine Shaw Lowell in Proceedings of Seventeenth National Conference of Charities, pp. 81 sq. "Outdoor Relief: Arguments for and against," in Proceedings of Eighteenth National Conference of Charities, pp. 28 sq. "Relief in Work," P. W. Ayres in Proceedings of Nineteenth National Conference of Charities, pp. 436 sq. "Is Emergency Relief by Work Wise?" the same in Proceedings of Twenty-second National Conference of Charities, pp. 96 sq.

第十章

教会

在我们这座繁荣的城市中的救助机构工作通常会发现，穷人在回答问题时，很可能会声称自己与一些教派有联系，对此事进一步了解之后往往会揭露这样一个事实：这些不过是名义上的联系而已。当然，有许多穷人是教会里非常活跃的成员，在过去的50年里，尽管基督教会所有的分教会都举办了各类精彩的活动，使命也非常多样化，一些善男信女们为自己的修行也在不断地奉献，但许多穷人依然没有加入教会。为试着解释这一现象，我们考虑了一些外部原因，比如，贫苦的人们越来越少地参加社交活动已经成为非常自然的现象，还有穷人的迁徙习惯。但我认为，还存在另外一个非常重要的原因，那就是教会关注的重点在于物质救助和那些为了获取物质救助而鼓噪的人。

一些非常贫穷的人已经做好了与教会联系在一起的准备，对他们而言，参加服务活动并接受教会帮助的想法"这么虔诚，只是为了收入而已"。而且，就这方面来说，有必要立即通过这样一种说法来证明这一点，错误不在于那些无知的穷人，而在于那些成倍增加的教会机构，诱使他们变得虚伪并去行骗。如果教会有一个健康良好且可期待的愿景，那么就要像穷人看待它那样看待它本身！

一位伦敦慈善机构的工作人员写道："我的一位朋友听到两位非常受人尊敬的女性的谈话，其中一位说，'Smith太太，圣诞节过得怎么样?’‘哦,非常糟糕,我没有得到什么救济。’另一个回答说,‘Smith 太太,这是你自己的错,你要去教会的旁边坐会儿,几乎都没人见过你去过那边,你要是坐在教会旁边,就会得到一些帮助,就像我们一样。’” 在美国,类似的写照很常见,George B. Safford 教授说:“为了获得各教会的救助,家庭成员从一个教会转向另一个教会,他们将其会员代表分别分派到主日学校或教会,通过伪虔诚的艺术获得他们可以获得的东西:服装、浸会杂货、长老会的肉、主教派的土豆、罗马天主教租金、通用的现金、可用的‘杂物’,所有人都可以领到宗教慈善组织分发的抚恤金。在东部城市的一个家庭里,发现了其众多年轻后代分散在不同的主日学校,过着寄生虫般的生活。‘守寡’的母亲经常变换各种教会获取救助,孩子们则享受着每次洗礼带来的好处。在不同教会神职人员的聚会上,当神职人员一个接一个地讲述令他们不满和挫败的事件时,所有人都庆幸浸礼会教派成员逃脱了欺骗。就是在这样的情况下,还是有人又给孩子们做了洗礼,但他又非常难过地忏悔,因为他早就为这个女人做过了洗礼。”[①]在我所居住的城市里,一个家庭的成员经常会通过不同的教会接受洗礼,无论是小孩子还是他们自己,这是他

① “Charities Review,” Vol. II, pp. 26 sq.

们家庭的收入来源之一，所以三位慈善的圣公会会员在对比他们的记录时惊奇地发现，其实他们分担了孩子的教母的责任。

毋庸置疑，几乎每个教会都有不少这样的经历，成功欺骗别人对行骗者本身的不良影响是显而易见的。我转述了这个重要事实，即这一类穷人虽然数量上与穷人群体相比无微不足道，但仍然没有足够的证据证明他们是热心的基督教徒，教会在他们身上浪费了很多时间，他们认为自尊自重的穷人往往会保持冷漠。这并没有增加穷人对基督教徒的尊重，因为他们本身很容易被欺骗，而且这泯灭了穷人的正义感，他们认为懒惰、酗酒和堕落是教会工作人员的奖赏。即使在流浪汉中，被称为"使命流浪汉"的那个人也会被其同伴瞧不起，这样一个简单的事实对于该流浪汉来说是一个教训。

坦白来讲，我在写作时也介绍了家庭传教工作，我不是不了解基督教牧师们面临的困难。他们中的许多人由于不加区分的救济陷入了危险境地，其中许多牧师不再受欢迎并且遭到误解，而他们把教会从低效、救济金发放不及时的慈善机构中解救出来以解决穷人的需要，基督教牧师所遇到的困难是双重的。首先，他们要发展教会成员的慈善本能，克服人们与生俱来的自私和惰性。当他们成功地激发了为一些人做事的欲望，那么他们也必须拥有充足的机会来满足这样一种欲望。现在个人慈善事业的发展伴随着越演越烈的竞争，如果个人慈善事业的发展缓慢，那么人们对贫穷的看法会非常悲观且消极。如果要让教会的成员度过这一阶段，让他们的工作变得有效，就需要真正的领导者，这操作起来比让他们自律更加简单。我们在上一章救济工作中看到，救济工作是所有慈善工作中最困难的，但是每十个缺乏经验的工作者就会有九个认为发放救济金是帮助穷人最好最简单的手段，实际上，也是唯一的手段。

令人难以预料且难以忍受的是将救济视为吸引人们到教会的合法手段的功利主义。作为福音机构的救济已经弊大于利：你不可能在没有激烈讨价还价的情况下购买基督教徒（通过这种方式增加自己的教徒），在同一个贫困地区的教会之间竞争也是如此激烈，即使在这些教会共同合作的过程中，这种肮脏的现象依然存在。已故的坎特伯雷大主教写道："我称之为浪费，如果人们依据意愿而非原则发放金钱，那这种糟糕的可能发生的善行也是一种浪费，两三个宗教团体一边在改善他们所要帮扶对象的困难处境，一边又要将精力放在吸引他们到这个组织里面来。若每个宗教团体都这样工作，单就一个大家庭而言，一个家庭成员被肯定，并且对其他家庭成员寄予厚望，他们将成为其社区真正意义上的成员。我觉得这不仅是浪费，更是道德败坏，这就是诗人所抒发的这样一种情感，'当圣水降临，为何要祝福?'道德的败坏是可能出现的最坏的结果,因为最为高尚的思想仅仅被作为了达到低级目标的手段。"[①]

使用救济金作为贿赂的结果就是,救济品不再是缓解困境的唯一物品,或者说,让受贿者再变清廉似乎是很困难的。"我跟一位牧师抱怨说,当 20 先令[②]就能满足一个穷人的需求而我又显得无能为力时,他告诉我他不可能像我们这样给那些穷人足够的救济。因为他若给一方的救济品多于另外一方,就会引起区内访客和教区居民的嫉妒,所以 2 先令 6 便士[③]一般是他给的救济的最高限。"[④]

在列举用于救济的自然资源时,我已在提及亲朋好友和邻居之后提到了教会。当教会成为一个普通的救济机构时,它并不是为大量依赖于教会救济的人提供天然救济品的来源,而是为那些从宗教运动中寻求援助的人提供了一个天然的救济来源。如果事情难应付,那么教会有特权给予他们足够的帮助。

---

① "Occasional Papers of the London Charity Organization Society," p. 35.

② 先令是一种金币,20 先令 = 1 英镑。1971 年英国货币改革时被废除。

③ 1970 年以前采用旧制,240 便士 = 1 英镑。

④ Miss Pickton in London Charity Organization Review, Vol. X, p. 538.

即使超出其会员权利范围，教会也能保证救济品发放，只是为了施行其他确保穷人利益的计划而附带的。例如，偶尔参加友善探访的工作，抱着为改善家庭状况的心态去促进访问执行计划。但礼物不得有改变宗教信仰的嫌疑。

新教徒经常批评罗马天主教会期望穷人能为教会的付出买单。在他们众多无知的批评中，其中有一点就是批评罗马天主教会加强对人民的控制，这是罗马天主教会采取的最明智的一项措施。同样是贫穷，罗马天主教徒比贫困新教徒更有可能认为教会是属于他们的，教会不仅为他们存在，而且也通过他们发挥力量。无论在哪里，新教教会对穷人会产生很大影响的同时，对会员的忠诚和自我牺牲也提出同样的要求。

我们必须认识到，从过去到现在，如果穷人在教会的慈善事业中得到了有效的帮助，那么也一定会受到教会的鼓舞。教会一直是慈善能量的主要源头。我认为，教会将在更大限度上成为慈善事业的领导者，并扩大慈善事业的范围。在教会或其他地方，我们一定能发现本书所提倡方法的可行性。我们必须为避免穷人的孩子贪婪或被忽视而做一些事情，并且推动卫生教育改革，为民众提供更纯粹、更高级的娱乐。而且，随着时间的推移，要让这些孩子越来越多地享受到现代生活的有利条件，教会已经在这些工作中成为先驱。在城市中，幼儿园已经成为公立学校系统的一部分。第一批免费的幼儿园得到了教会和大型慈善机构的支持,现已世俗化了的幼儿园曾经得到了教会支持直到它们度过了测试阶段。世俗机构仍然依赖于教会,因为教会工作人员能够把正义精神带到慈善工作中来。

城市教会会发现与其大量不必要地增加机构,不如利用他们精神工作的优势,与城市慈善机构保持至关重要的联系。在我们东部一个城市中,拥有一个非常活跃教会的神职人员已经放弃实施设立教会分校、社团或机构的计划,他意识到上述许多项目是不必要的,而其他许多本身有必要的项目并没有得到足够的支持。教会根据他们的教会会员的个人资质,将其派往医院、儿童慈善机构、需要访问的社团、医院和敬老院。人们可能会提出反对意见,因为在这样一个计划中缺乏近距离的接触和集中的力量。但公理会会议举行的频率很高,所有那些已经被指定为友善探访员的人、医院工作人员等都会向教会和牧师做报告,每个人都以这种方式学习其他人的经验。该城市计划在处理穷人的相关问题时的缺点暴露无遗,但教会可以集中力量进行必要的改革。这项工作被视为从教会的讲坛上传授福音的实际操作,社区的精神和生活之间有一种自然而重要的联系。另外两个优点是显而易见的,这样有弹性的计划让有不同能力的人们找到适合自己的工作成为可能,也避免了一切宗教对抗以及所有的猜忌。

来自这类教会的友善探访员不会抱着将其他教会成员拉拢到本教会的心态去拜访穷人。相反，他会看到一些教会之间联系的重要性，一旦这种联系被切断了，那就敦促他们去所属的教会和主日学校做服务，努力恢复与教会的关系。他将促进家庭福利为目的制订计划，并且寻求这个教会牧师的帮助，通过这种方式来鼓励不同教派的教会之间的合作精神。

虽然只是间接地友善探访，但是我不能在未提及另外一件事的情况下忽略掉此部分。牧师们的培训内容应该包括全面的慈善工作教学方法，这将引导牧师们能够以最好的方式为人们提供服务，而且，这样做可以帮助那些对此类服务没有清晰概念但是努力改变社会状况的，尽职尽责但是受挫的工作人员。许多神职人员的经验和学习机会使得他们适合在神学院建立系统的训练课程。在教会慈善机构中，普通教徒对更有经验的导向需求也将有助于加快正规神学院课程在慈善事业中的发展。

第十一章

友善探访员

我曾试图在前面的章节提出一些具体的建议，但我认为这样的建议并非对每一个探访员来说都有必要，而且把它们全部运用到一个家庭里是很致命的。为了提出很具体的建议，我担心我会把书写得像烹调书，就像书中那些让人恼火的情况，例如在什么都没有的情况下让你“用烤箱”或“准备一些莴苣菜”。烹调书有它最基本的用途，对一般人来说它是很有用的指南，然而最优秀的厨师完全可以不看菜谱。

为了避免将友善探访当作一种轻松的消遣，我似乎又走入了另一个极端，把它视为一项艰巨又严肃的专业。其实事实远不止于此，专业的访问永远不能被视为友好的。事实上，友善探访的内涵远不止于这本书中所谈到的。它不是寻求慰藉的明智办法，也无关乎找工作，不是如何使孩子们得到教育或接受工作训练，不是改善卫生状况或疾病防治，不是教会如何清洁、烹饪、购物，不是鼓励形成勤俭节约的良好生活习惯。它或许是关于以上事情中的一些，或许是全部，但它永远不止于此。友善探访意味着对穷人家庭的幸福、不幸、看法和他们的整个世界观的持续稳定的了解和同情。有了这种理解，探访员就不会在一些救济的细节方面出错，否则，他们很有可能会与被访家庭形成一种慈善关系，而这种慈善关系是很容易出错的。一些被探访者甚至对我说，即使探访员的这种善意很难让人拒绝，但他们仍然不想要任何特殊的对待。而那些没有很多故事的探访员往往能起作用，“有个女性探访员来过一次后就再没见到她”Smith夫人写道，“我记得当时她表现得很平常，不难想象当我们发现与被探访者一样的尊严和诚挚渗透到她的生活里时，我们有多惊讶，那种变化可以从她的表情和行为举止中分辨出来。这种转变不可能发生在一朝一夕，它是一种缓慢的成长，但同时也是对友谊最好的回馈。”①

这种对友善探访的回馈是我们工作的结果，但这些很明显不能仅依靠一本建议手册。正如Octavia女士所说，这种成功不是依靠准则而是来源于妇女的家务生活。“实际上一些事情她应该是了解的，但能否处理得当取决于她是谁。”所以，生活是最好的学校。在守信和遵守承诺方面，爱管闲事、粗心大意、缺乏策略和耐心都将是致命的错误。

当我们因一个家庭的困境而沮丧并尽全力试图寻求出路时，它们似乎和其他困境都不一样，事实上，它们确实不一样。尽管被同一个大陆所分开，人类还是有相似性的。而且，尽管通过规则去施与慈善是很不安全的，但是更危险的是没有任何统

① Proceedings of Twenty-second Conference of Charities, 1895, p. 88.

一标准和参考机制下的慈善。这本书中的很多建议并没有普遍适用性，但为了做到接近，我会尽全力去提出一些适用于友善探访的普遍情况的原则。

1. 友善探访员应该充分了解家庭成员而不必试图强迫得到他们的信任。初学者容易犯错误，是因为他们不愿意等待，不愿意顺其自然地发展信任和友善。Birtwell 女士说："他们希望能够在一个月内对一个贫困家庭进行十几次访问，看到他们获得帮助。现在，我们中的哪一个人曾经被一个月的友谊深深地影响了？我曾经听过一个令我印象深刻的布道，它伴随我好多年。其中一个主要观点是，你使用它之前你会被它影响。似乎许多人认为，如果他们可以拜访一个贫穷的家庭，凭借其优越的教育和文化，他们就会立即有很强的影响力，然而，他们并没有获得这种强有力的影响力。他们想要得到它，就得像我们的朋友对我们的影响一样，通过长期耐心的接触，慢慢地升华我们的友谊。"①

当面临很多事情要做时，保持耐心是困难的，特别是在有实际需要的特别困难的地方。探访者不会去扮演替代角色，无论

① Proceedings of International Congress of Charities, volume on "Organization of Charities," p. 21.

是魄力、慈善还是其他方式，因为这些维系着家庭生活。他必须与感兴趣或可获利的救济资源协商，但除此之外，他必须有勇气不做任何事情，直到他知道什么是正确的需要做的事情。

访问许多家庭是不可能的，但访问 1 个以上却有明确的优势，通常的限制应该在 2～4 个。访问 2 个家庭的优势是探访员不太可能在早期阶段过于活跃，通过对比两者之间的相似性给予探访员更好的把握原则。新的探访员不仅在过度访问中容易犯错误，而且有些家庭出现过拥有过多探访员的困扰。纽约的友善探访员会拒绝去最近有三个友善探访员打过电话的家庭，这种做法是明智的。有一些家庭被过度访问，应该劝说所有对他们感兴趣的人，让他们单独待一会儿。

冬天并不是慈善工作的唯一时间，在夏天，贫困家庭同样需要我们，尽管如此，许多慈善机构的活动还是较少。当我们在夏天离开时，我们可以写信交流；当我们在镇上时，可以经常找时间去探访。慈善工作有一个传统，那就是只有在寒冷的时候慈善才是慈善。

在我们访问时，我们把不间断的连续访问作为了解穷人的手段，以达到我们自己的目的。“在我们与穷人接触时，我们并不总是如我们想象的那样慷慨。我们希望通过探访了解他们，但是我们可能忘了他们或许对我们也有兴趣。我们经常会反问，如果我们不总是给予同情会不会更好？如果我们告诉他们我们的欢乐和悲伤，注意他们的反应，经常询问他们的情况，结果常常是惊人的。这种相互关系拓宽了他们贫弱的生活，并且使我们之间的关系更具有人性。一位曾在暑假期间负责住址较远的家庭探访员写道：'我想告诉你，对我来说非常有趣和快乐的事是在拜访你的家庭时，发现他们真正看重的是你对他们的个人友谊，以及他们如何珍惜你，告诉他们关于你自己的和你旅途中的任何一件小事情。'"①以这种精神进行访问的人总是会赢得更多的快乐并从工作中获利。事实上，这不是探访者仅有的收益。

2. 在熟悉的情况下，友善探访员有明确的试图改善家庭状况的目标。除非他对家族史有相当准确的了解，否则这是不可能的。慈善工作者经常来找我咨询关于个体家庭的事宜，在几分钟的谈话中就会发现他们对将要帮助的人的情况一无所知。比如，一家之主生病了，其他家庭成员期望及时的建议和最好的方式，但探访员并没有去找帮他看过病的医生，或者从其他方面了解他的病情。再或者，一个男孩失业了，但探访员没有去拜访男孩之前的雇主，并且对男孩的收入和工作能力一无所知。慈

① Eleventh Report of Boston Associated Charities, p. 31.

善技能不是一种仁慈魔法，它是基于常识，必须紧密联系生活的事实。在其他友好关系中，我们认识到这一点：在我们的慈善工作中，无论是通过调查受过训练的代理人还是通过我们自己的查询，我们必须根据事实才能找出最好的方式来帮助他们。在慈善组织会社的指导下访问的一个好处是，在探访员被派去之前，已经对家庭状况做了彻底的调查。

在一个为了家庭利益制订的计划中，以下关于家庭事实的要点是我们应该清楚的：

(1) 社会背景：姓名、年龄、出生地、婚姻状况、房间数量、教育背景、孩子就读的学校、学校名称、地址、亲友状况、教会、以前住宅地。

(2) 健康状况(检查史)：家庭成员的健康、家庭医生的姓名、习惯。

(3) 工作经历：职业、现有和以前雇主的姓名和地址、工作时限和季节、失业时长、每个人的工作能力。

(4) 经济状况(金融史)、租金、房东、债务(包括分期付款购置)、社会收益、工会、人寿保险、典当票据、家庭存款、现时储蓄、收入、现有工资以外的生活来源、养老金、救济来源和数量、慈善救济史。

除了这些客观的事实之外，还需要对家庭主人的其他事实做一个简短而完整的记录，其中包括对他们希望和计划的了解。在制订一项有效的计划之前，关于牧师或者主日学校老师、医生、前雇主、前房东、亲友的陈述，他们关于最好的救助方法的说法，以及关于他们愿意做什么的明确承诺，接受慈善救助的经历都是需要了解清楚的。对目前雇主和房东的询问应极其谨慎，如果真的这么做，很可能会使他们对我们要帮助的人产生偏见。

这里给出的事实要点由训练有素的代理人来完成好于由友善探访员完成，因为友善探访员与家庭的关系使得调查开展困难且常常不方便。一旦关于慈善的彻底调查做好了，它就不需要反复再做，并且可以避免之前经常犯的错误，还可以将一个家庭从过度的慈善救济中拯救出来。它究问式的特征看似由事实决定，但它的目的并不是为了惩罚任何人，它真正的目的是为了找出如何更好地帮助他们的方法。

3. 收集关于穷人没有尽力工作的事实并利用这些事实为他们谋利，这种做法就好比只犁地而不播种一样。这些事实必须以周密的计划为基础。当情况发生变化或发现新的事实时，经常需要修改我们的计划，但是对于医生和慈善工作者来说，治疗计划是必不可少的。我们的计划还需要开发家庭资源来帮助他们自救，而最好的慈善工作就是开发这些家庭资源。如果需要外部援助，则应当视他们在重新工作或学习中的努力而定，视他们愿意接受培训的意愿而定，视家庭环境而定，或者视家庭中其他能够提升他们的发展意愿而定。所有这一切都只是建议，不是为了使救济条件困难，而是为了使用救济作为杠杆或者正如有人所说的，我们的帮助应该是一个梯子而不是拐杖，每一个明智的、合理的条件都是梯子的组成部分。

我们为一个家庭谋利的计划不能忽视我们的行动可能对其他家庭的影响，做到这一点并不容易，但一个计划应该出于好意且有效。在这个城市里，如果只有一户贫困家庭，那这往往是不公平而又残忍的，因为它寄托在别人身上的希望将永远无法得到满足。换句话说，我们必须既仁慈又公正。在判断一个计划的公正性时，必须了解邻近地区和其他贫困家庭的情况。在这样的情况中，有经验的慈善工作者的评论和建议将是非常有益的。

制订计划时，我们不应局限于目前的紧急情况，还应该将眼光放在这个贫困家庭的长远发展上面。如果可能的话，我们不但应该考虑什么可以使他们摆脱目前的困境，还要考虑什么可以使他们永久自立。当然，一些家庭是无法完全自食其力的。如果我们只考虑这些外部机构认为最好的情况的话，这些将是例外。在制订这些贫困家庭的福利计划时，我们必须使这些计划尽可能地规律化和系统化。仅次于必须依赖慈善资源，最令人沮丧的事情是可获得的慈善资源的不确定和间歇性。

4. 在寻求解除不幸或贫困的原因时需要极大的忍耐，同时，我们也要学会如何通过获取他人的协助而获得成功。如果我们关于贫困家庭的计划被证明是永久有益的，并且我们能够说服其他人与我们一起执行，那么，我们不仅帮助了贫困家庭，还教授了他们日常工作方法。为了说明协同合作是服务的一个重要步骤，波士顿慈善团体的第十四次报告中有一个实例写道："一位受人尊敬的妇女与患有精神病的丈夫多住了一年，但这对她们和邻居存有极大的危险，因此人们在几天内说服她将丈夫送去了疯人院。当然，作为陌生人，我们的建议没有任何分量，但是她听取了医生和朋友们的意见，她彻底被说服并采取了必要的措施。"

5. 尽管我们在制订计划时要着眼自立，但是这些不是友善探访范围内的唯一计划。一些好的访问可以使家庭不再陷入困难。慈善记录上的"解雇-自谋生活"对那些意识到可能获得更多友好帮助的人来说，是非常不满意的。当一个家庭学会在没有慈善救济的帮助下生存后，其家庭成员将会有机会学习开支与储蓄的节俭方式，学习更好的娱乐方式，变得更健康并创造更清洁的环境。

6. 友善探访员的工作是一项非常个人化的工作，与其他慈善工作相比，最好单独完成。我们不能两三人一起去访问服务对象，除了那些对他们有益的慈善机构，我们也不能过多地谈论贫困家庭，这会破坏我们之间的关系。访问区域依然根据德国城镇和英国的教区来进行划分，每位探访员划分一个特定的区域。与友善探访的“情境系统”相比，这个区域被称为“空间系统”。对于“空间系统”而言，最主要的问题在于它不够个人化。一个能成为整个街道所有人朋友的人，是不会被任何一个特定家庭的成员认为是属于他们的，并存在危险。此外，友善探访这一计划避免了更多的官方关系、嫉妒和邻里纠葛。

区域探访员是友善探访员的先驱。为年老的佃农熬制肉汤，在病床边为病人读书，为小孩缝制暖和的衣服，就这样，我们的先驱轻轻地掠过社会环境的表面。我们不能轻言放弃那些向我们传递人道主义和温暖的人，如果说我们现在肩负更重的责任、更严重的问题和更远大的抱负，我们也有许多一百年前所没有的优势。如今，如果我们是慈善的且可以使用我们掌握的任何能量，那么就会有几百种不同的途径为我们敞开大门，而不是以前仅有的一条路，同样，也会有数以百计的机构准备好帮助我们。我们必须了解如何与他人合作，必须知道如何与进步的力量合作。友善探访，对其真正的理解是，把所有这些力量都考虑进去，与时代的民主精神一起，推动广大人民向更美好的生活前进。

扩展阅读：

"Friendly or Volunteer Visiting," Miss Zilpha D. Smith in Proceedings of Eleventh National Conference of Charities, pp. 69 sq. "Friendly Visiting," Mrs. Marian C. Putnam in Proceedings of Fourteenth National Conference of Charities, pp. 149 sq. "Class for the Study of Friendly Visiting," Mrs. S. E. Tenney in Proceedings of Nineteenth National Conference of Charities, pp. 455 sq. "The Education of the Friendly Visitor," Miss Z. D. Smith in Proceedings of Nineteenth National Conference of Charities, pp. 445 sq. "Friendly Visiting," Mrs. Roger Wolcott in Proceedings of International Congress of Charities, 1893, volume on "Organization of Charities," pp. 108 sq. Also Miss F. C. Prideaux in same volume, pp. 369 sq. and discussion, pp. 15 sq. "Continued Care of Families," Frances A. Smith in Proceedings of Twenty-second National Conference of Charities, pp. 87 sq. "Friendly Visiting as a Social Force," Charles F. Weller in Proceedings of Twenty-fourth National Conference of Charities, pp. 199 sq. "Company Manners," Florence Converse in "Atlantic," January, 1898. (This story is not a fair picture of associated charity methods, but points out one of the dangers of spasmodic visiting.)

附　录

之前关于友善探访的实例已经阐明访问工作的一些特定部分。下面这些实例用来说明持续访问的可能性和挫折，最后一个例证强调了在贫困地区生活的一个重要事实，即好邻居对他们潜移默化的约束和影响（参见 Charles Booth's "Life and Labor of the People", Vol. I, p. 159）。

家庭图书馆和探访员。一位探访员写道："某夫人的房间里已经建立了图书馆，住在公寓里的男孩子们每周六下午在这个家庭图书馆里接收或者交换他们的书籍，与探访员讨论他们读过的书，听他们读故事或者讲述他们看过的故事，并玩游戏。这种小型聚会似乎已经提升了整个公寓的寓意和社会氛围。"

负责图书馆的女士在四年前第一次接触这位探访员，当时她正挣扎在饥饿的边缘，几乎放弃了养活自己和两个孩子的努力。通过探访员的努力，她现在过得比较安逸并且可以自给自足。通过探访员的帮助，她做了家庭图书馆的管理员，这个荣誉是值得骄傲的。以下是探访员的描述："她很欢迎孩子们进入她的房间，她的房间既干净又整洁，她经常参与孩子们的阅读和游戏活动，她低落的情绪就会高涨，她似乎获得了勇气，她感觉到她的生活有了光明。"

——辛辛那提慈善机构第十六次报告

五年后。五年前当我第一次接触 C 家庭（包括父亲、母亲和八个孩子)时,这个家庭正处于非常窘迫的地步。父亲是肺病患者,且失去了邮递员的工作。母亲生病了,他们唯一的经济收入是每月 8 美元的养老金和每周由三个作为售货员的年龄较大的女儿赚取的 8 美元。他们每月的房租是 15 美元,这个家庭已经负债累累。我成功地为他们找到了一个每月 9 美元的房子并且为他们寻求了面粉、煤炭和衣服的援助。一位不愿透露姓名的朋友承诺给 C 先生每月资助 1 美元作为养老金,并支付房租。当女孩子生病的时候,基金会给予了她们救助,弥补了暂时性的不足。我试图向他们表明,通过他们自己的努力获得栖身之所是有尊严的。首先,可以免去每月 1 美元的礼物。后来,女孩们涨了工资,C 太太告诉我,我不需要再为他们提供燃料,他们将自己解决缺少燃料的问题。一个夏天,当我离开的时候,他们最小的孩子死了,他们用节省下来的钱支付了孩子的丧葬费。每年女孩都会被基督教女青年会的新鲜空气基金会送往乡下的朋友家,有一年,年轻一些的孩子被送到了乡村儿童之家。C 夫妇的健康状况很差,但是女孩子们的工资在不断涨,C 太太让我以后不要再给他们提供进一步的援助,除非他们生病。1891 年,C 先生的养老金增加了一倍以上,直到他们付清了每一笔欠款,他们都一直住在贫困和脏乱的社区里。去年夏天,他们搬进了一个怡人的街道并住进了一所大房子里,并且有足够的租客支付房子一半以上的租金。C 先生的健康状况有所改善，他有了一份比较轻松的工作，月薪 25 美元还管饭。他们最大的女儿已经结婚了，另外两个女儿都是很好的工人，他们一家人现在可以自食其力了。我们有定期通信。C 太太在遇到困难时就会找我，并且很高兴我能够鼓励她。

——巴尔的摩慈善报告(第 1 卷，第 1 期)

困难下的坚持。每年，我们都被耐心和友善探访的重要性和价值强烈感动着，即使面临很大的挫折，我们也相信真诚和审慎的友情总是有益的，尽管它需要很长时间才能显现出明显的结果。这些证据不断地向我们展现出来，比如一个被我们的探访员持续照顾了六年的德国家庭。这个家庭由父亲、母亲和五个孩子组成，我们第一次访问时发现，尽管他们有能力去工作，但是这个家庭非常贫困。女主人在夏天通过采摘草莓并出售赚取极少的利润，男主人靠挖煤来赚取微薄收入。起初，探访员受到了很无理的对待，后来当探访员帮男主人找到了工作，并表现出确实对他们的孩子有实际帮助的时候，探访员才赢得了这家人的认可。直到孩子们上了工业学校，他们才真正有显著的进步。之后女孩子们教她们的母亲应该如何做，她们非常自豪地向探访员展示了她们如何将房间收拾得干净整洁。男主人找到了一份每周 12 美元的守夜工作，过了一段时间，他能够偿还之前所有的债务。他现在看到探访员时总是很开心。三个女儿正在上班，他们有一个幸福快乐的家庭。

——波士顿慈善协会第十次报告

带孩子的寡妇。长期依赖的典型案例是一个有六个孩子的寡妇。四年前她被转介给我们时，她的孩子还很小，而她迟钝且低效。问题不在于是否应该援助她，而是非常有必要救助她，对这个女人来说，在照顾六个孩子的同时没有办法去赚钱，但是如果以另一种方式提供救助，对于他们来说将会更有意义。救助来源于特有的渠道，一个季度 20 美元来自肖海员儿童基金会，一个月 2 美元来自城市杂货会，一周 1 美元来自圣文森特保罗协会。探访员首先主动将自己投入这个家庭，自那时起，他就成了他们的朋友和顾问，每季度帮助他们赚取 20 美元，用其中的 13 美元支付房租，把剩下的交给这位妇女，她知道她只能依靠这些剩下的钱生活，并且学会了如何适当地使用这些钱。

当孩子长大后，一个儿子进了一个地区电报局，女儿则希望去商店，并且希望探访员给她介绍一个商店的工作。不过，他认为教会她如何找到一份工作是明智的，并且在提供了一些可以申请的好的企业后，他告诉她可以从她的老师和其他人那里得到一些参考建议，然后自己去找工作。她经历了一些困难，得到了一份工作，一段时间后她辞职了，她知道怎么做了，并且没费多大劲就又找到了一份工作。一个儿子拒绝了探访员希望的那样去做一个木匠学徒，他自己找了一个地方努力工作。另一个儿子去学校卖报。夏天，经过协会商议，探访员把年幼的孩子送到了乡下去住一个月。他煞费苦心地让他们住到更安全的公寓，在很多方面确保了他们生活的安宁。现在，他们完全可以自给自足，年长的孩子是可敬而勤奋的，我们觉得这很大限度上是因为探访员对他们和他们的母亲四年的影响。

——波士顿慈善协会第四次报告

一个失败的案例。七年前，Gamma 首次向慈善组织会社提出了申请，当时比现在更难找到足够智慧和忠诚的志愿探访员来仔细研究他们所负责家庭的需求，或者有足够勇气在这些家庭中执行任何彻底的治疗计划。一个德国鞋匠娶了一个美国本地老婆，并有了三个孩子，其中一个是患有破坏性倾向的低能儿。这个男人说他很沮丧，他工作很困难。社会组织为他提供了材料并为他找了一份工作，但是这种形式的援助对于他来说意义不大，很快被他抛掷脑后。直到几年后社会组织在另一个城市又一次碰到他们，一位友善探访员被派来调查他们的生活状况，并尝试改进他们的生活状况。

探访员报告说这个男人很"气馁"，他们的房子肮脏到难以描述，他们有了第四个孩子，这个孩子九个月大，但是他的生命时常受到低能儿的暴力威胁。他们获得了援助,这个男人认为如果他们搬到另一个街区生活的话,他会做得更好。他们搬了家并且获得了其他乐施好善之人在金钱方面的帮助。不过,很快这个男人就显现出了能力的缺乏,他很健谈,并且说了很多虔诚的话,他们的低能儿子成了他们夫妻俩不努力工作和卫生环境差的借口。

在这个家庭的恳切要求下,慈善组织会社努力帮这个男孩找了一个新家,经过数月的协商,这个男孩被送进了米尔斯低智能学校。没有了这个负担,探访员加倍努力想让剩下的孩子有一个得体舒适的家,但是他没有成功。他们直到要睡觉的时候才搭床,盘子放到下次使用的时候才洗,在炎热的夏天衣服泡在水里一个星期不洗,直到上面聚满浮渣,空气中散发着恶臭。剩下的孩子们不懂规矩,也没有受过好的教育,女主人漠视他们的生存环境。低能儿在米尔斯得到了很好的照顾,在妻子不太强烈地想要见他的意愿下,伽玛将他抱回家之后拒绝再送回去。这个男人善良的意图似乎总是烟消云散,因为有邻居举报他酗酒。一天早晨探访员收到了一封他的来信,信中要求探访员必须照顾他的家庭,他再也无法忍受他们而离开了。

这个家庭的事情在当时和后来对慈善访问的工作方式改变产生了极大的影响。这些探访员因为被访者的生活悲惨而给予了慷慨援助，而不是提升他们的知识技能和制订合适的服务计划。以前常说每一个美国人都认为他可以在晚餐后进行演讲，或者可以补充说，每一个美国人或几乎每一个美国人都认为他们可以明智而审慎地管理自己的慈善机构。当我们被自己的演讲能力误导时，我们自己就是受害者。但最可悲的事情是因我们错误的救助方式而遭受危害的受害者不是我们，而是那些贫困的人。对伽玛家进行访问的探访员是一个异常聪颖且乐于奉献的人，她失败的原因有两个：第一，她没有早一些被召集；第二，一些教会的人不加区分地满足贫困者的所有要求。他们去到贫困者的家里，看到这些人确实悲惨，他们把这种行为称为"调查"。他们常说："是的，我已经帮助了伽玛一家，我亲自对他们的生活状况做了调查。"伽玛习惯将圣经当作自己最好的朋友并向其倾诉，这给他们留下了很好的印象。

这个男人对于他家人的抛弃只是一个诡计，他很快又回来了。从一个地方到另外一个地方就是为了逃避租金，他们最后被赶了出来，包括这个男人、妻子和孩子（其中包括低能儿），最后一个怜悯他们的好心人为他们提供了避难所。当房子的主人知道这家人并不努力寻找其他住所，且这个不幸的孩子随时都有可能放火时，他很惊慌。于是，他向慈善组织会社申请了求助。在低能儿被送回米尔斯和其他孩子获得亨利沃森儿童援助协会救助之前，我们给女主人和孩子在电气公司提供了缝纫机房作为暂时的住所，并建议那个男主人在找到工作之前在友好客栈砍木头。这个男人拒绝去砍木头，但那个女人和孩子来到了临时住所，在与儿童保护协会协商后，低能儿又回到了米尔斯。

在这个节骨眼上，报纸上的内容干扰了我们对孩子们的计划，报道了一个耸人听闻的关于伽玛的故事，说他是一个最勤奋的鞋匠，他一直支持着他的家庭，直到他去年在困难时期失业。钱通过这家报纸寄到了这个家庭。伽玛之前同意在亨利沃森援助协会的协助下将两个孩子安置到好的乡村家园，然而他改变了主意。以前不加区分的慈善和肮脏不堪的故事再一次上演。尽管给他们提供住所的那位先生认为他们应该寻找其他帮助，但他还是给他们提供了住所。他们已经接受了六次救助，而这最后一次持续的时间最短。四个月后，他们的主席说慈善组织会社是正确的，是他错了。他发现伽玛酗酒、懒惰、无礼，孩子们在他的抚养下必将成为穷人和罪犯。这个家庭再次被驱逐，这次，在可能受到公众的干扰之前，两个较大的孩子被送往亨利华生援助协会，只有最小的婴儿留在了伽玛太太身边。我们建议伽玛太太去她母亲家，在那里她母亲为她提供了住所，但是伽玛太太没有接受我们的建议。在巴尔的摩另一个地方，伽玛又袭击了神职人员，并且告诉一个部长说他是一个惯犯。但是，在听了那位神职人员的一次布道之后,伽玛迫切地希望改变。关于伽玛最新的消息是,这些慈善团体不得不为他提供一些救助,此外还有一些关于他的刚出生孩子的消息。

——巴尔的摩慈善报告(第2卷,第8期)

一个成功的案例。第二个家庭由一个结过两次婚的中年妇女及其第二任丈夫,以及这位妇女与前夫的四个孩子组成。最大的女儿已经结婚了,她和丈夫与她母亲住在一起,其他三个孩子年龄还小。第二任丈夫酗酒,他不但不支持他妻子而且还虐待她。她去医院做过一次严重的手术,虽然手术成功了,但她的身体仍然很差。当协会第一次知道这个家庭时,这个家庭正处在极度贫困中。丈夫几乎没有为这个家带来任何收入,妻子无法工作,其中一个孩子赚的钱也可忽略不计。房租没有办法支付,燕麦粥几乎是这个家庭唯一的食物。已婚的女儿和她的丈夫说这个家庭已经跟他们住在一起很长时间了,并且拒绝再给他们提供任何帮助。这个妇女认为她唯一可以做的工作就是做一些针线活,并且她已经开始接活了。营养厨房(Diet kitchen)为其中一个生病的孩子提供了食物,为其他孩子提供了鞋子。之后公共协会给他们提供了食物和杂货。这个时候,第一位探访员离开了这座城市,另一位接手了这个家庭。她写道:"第一次拜访X太太,她看起来很干净、漂亮、健康。她表现出了一位女性拥有的礼貌，但是她并不太欢迎我的到来。她说她很喜欢前一个探访员，说她非常友好，但她不明白，为什么‘所有的其他人’要来介入她的事情。”经询问得知，在第一个探访员离开后，一些慈善组织的代表给她打过电话，并且其中一个代表问各种各样的问题而不做任何解释，这一行为伤害了她的感情。这个探访员解释说，她认识先前的那位探访员，并受邀去拜访过她，经过耐心的解释后，X 太太似乎有点高兴了。然而，X 太太对收到的杂货订单感到不满，说不想接受慈善捐助，她更愿意通过缝补工作赚取生活费。为什么 X 太太不接受救助，也不愿意接受杂货店的订单呢？因为杂货店的工作工资太低，而且她不能在机器上工作。手工缝制是她唯一可以做的事情。当被告知她所说的一些缝制工作具有公益性质，并只在冬季分发时，她惊呼道：“那根本不是工作，而是慈善，就像杂货店的订单一样。”探访员走的时候告诉她，她可以再给他们打电话。她以一周一次或者更频繁的频率去看望这个家庭。考虑到醉酒丈夫的问题，一些问题被提了出来：是否应该定期给予这些食品，但 X 太太说她丈夫从不分享食物，他大部分时间都不在家。有时他会在星期六晚上带一些钱回来，会在家里吃饭。当钱花光的时候，他会出去吃饭，从不问妻子和孩子在他不在的时候过得怎样。很明显，他不关心他的家庭是因为他知道有人会帮助照顾他的家庭。

妻子坚持认为他没有想到或者关心过他们是怎么过的。他有时会离开几个星期，当她生病卧床，他从来没有问过或知道她是怎么活下来的。他似乎是如此不负责任，以至于他几乎什么都不做。

在探访员的建议下，X 太太年轻的女儿找到了一份服务类的工作，在那里她不仅可以赚取一些东西并且还可以每天晚上都回家，她非常希望努力赚钱，在冬天为自己买一件外套。但就其家庭情况来看，非常有必要把这些钱用在支付家庭生活费用上。探访员承诺，无论用何种方式，她在冬天来临的时候会有一件大衣。女孩的老板在七月的时候关了店，探访员又在乡村为这个女孩找了一份工作。在这段时间，探访员写道："一直以来我都觉得这个家庭遭受了过多的痛苦，孩子们缺乏父爱，跟着生病的母亲，儿子小 A 时常生病，医生说他营养不良。X 太太只能做洗涤和擦洗的工作，并且两个十三岁的孩子也已经工作了。因此，一个仁慈的人同意照顾这个家庭，给他们我认为适当的帮助。因此，从那天到 10 月 10 日，除了 13 美元的衣服等其他东西之外，他们还可以获得平均每周 2.65 美元的救济金。X 太太和两个儿子也会被送到乡下待一个星期。尽管如此，X 太太还是觉得夏天太热了。她不是一个活泼开朗的女人。她差点中暑，并且儿子小 A 得了白喉和其他疾病。"秋天来了，女儿应该去学校，并且已婚的姐姐说在圣诞节的时候会为她买靴子。经协会仔细考虑后，提出每周给予 2 美元煤炭和服装费用。如果其他时候也需要，之前提供帮助的朋友们也会帮助他们。两个月后，X 太太的丈夫被拘捕，并被送到岛上关押一个月。

在冬天，X 太太向她的探访员询问她放弃协会帮助，通过出租房屋支撑她自己生存的可能性。“她朋友准备好了要来，可以租住多余客房。她所需要的是额外的床上用品。她对未来的生活充满信心。她比以前健康多了，她的精力和勇气都得到了提高。凭借强大的说服力，协会同意给予床上用品。他们答应继续提供煤但停止了其他帮助，他们希望这一做法能成功。这一做法确实取得了成功，比我预想的更好。X 太太确实是一个好的管理者，她创造了一个舒服的家，让孩子们穿得暖，并提供了许多他们长期以来被剥夺的一些舒适感。她变得乐观，对未来充满希望。她似乎变了一个人，九个月前还是病恹恹、沮丧的人。

“当她丈夫从岛上回来，我担心他可能会打扰目前的家庭氛围，因为他比以往任何时候都糟糕。在 1 月份，他用刀攻击了她，所以他再次被捕，并被送到岛上关押四个月，然后她告诉我，她希望采取离婚措施，我鼓励她做这个决定，但是我很小心地不再督促她，因为我认为必须由她自己来做决定。”

"春天来了,我希望这个家庭有更好的日子。3 月,一场不幸的事故使这一稳定的局面突然结束。3 月 10 号的早上,N 带话给我说那位母亲从楼梯上摔了下来,她的胳膊摔断了,希望我能尽快回电话。我看到那位可怜女人躺在床上,右手腕破裂,脸庞和身体伤痕累累。她很痛苦又沮丧,真是太可怜了。她的租户也已经走了,她再次不得不依靠慈善机构,但我觉得我完全可以说现在对她的帮助也不是她想要的。因为,没有人能帮助她尊重自己的努力,或者把她的努力视为失败。这次意外使她再一次地变得依赖,她付清了这个月剩下的房租,除此之外,在她的房间里还有一大袋面粉和其他杂物,还要给医生 8 美元来治疗她受伤的手腕。"探访员补充说,"通过这一年的访问,X 太太已经把我当作了朋友。起初,她不是很喜欢我,我也发现让她喜欢我很难。我尝试过很多方式,以缓解她沉闷的情绪。她的良好品质使我非常尊敬,她的不幸使我感到遗憾,因此,我很愿意和她交往并帮助她。经过九个月的访问之后,在咨询关于租房计划时她第一次表达了真实的感受,她说我是她唯一的朋友。后来,当计划成功实施时,她告诉我她所有的成功都归功于我,她是我皇冠上的明星。她将她所有的成功都归功于我,这是很夸张的。我并没有帮助她成为本质上体面的女人。但同时,这也是真的,她没有得到帮助和鼓励时是如此的贫困,她缺乏身体和精神的力量，以及后来自食其力的机会。当不幸再次突然降临于她，对她来说，有一个友善探访员可以求助。她感觉到了她自己，当她痛苦地呻吟时，她抽泣着说，我是她在这世界唯一的安慰。”

在她的手腕破裂之后，因为右手几乎残疾，不能再做缝补工作，所以 X 太太接受了很长时间救助。看起来她好像再也站不起来了。但过了一段时间，她想搬到她曾经居住的乡村。探访员亲自去看了这个地方，认为这个计划值得试试。协会资助她 10 美元用来搬家，另外给了 10 美元用来开始新生活。探访员时不时地会给一点帮助，但是大多数情况下，家庭可以自给自足。儿子在工厂上班，女儿为邻居打工，母亲养母鸡、种蔬菜。

最后，女儿结婚了，她的丈夫性格很好，家境殷实。两个兄弟都赚到了很多钱，小 A 从一个生病的孩子成长为一个坚强和阳光的男孩。母亲在养殖家禽方面很成功，并通过出售鸡蛋获得了丰厚利润。丈夫和以前一样，对家庭收入没有任何贡献，但是除了他自己以外，对其他人都没什么特别的伤害。与第一次相比，他们现在的家庭情况真的很乐观，当然这些条件的改变在很大程度上是由于探访员诚挚的努力。

——波士顿慈善机构第十六次报告

好邻居潜移默化的影响。我斗胆地认为，在那些没有自我约束的家庭或恶行之地，并没有世人所认为的不体面、不道德之人，这些人并未表现出人们对这类人印象中的那般生活。相反，他们过着诚实讲理的干净生活。而那些还未摆脱自我约束的人(某种程度上来讲，并不是刻意知晓)，却因与邻居的往来而受其限制和影响。因为空间有限，无法陈述更多实例，但为了将我的观点阐述清楚，我列举了两个例子。第一个例子是，在曼彻斯特最糟糕的街道后面的院子里住着一个人，这个人瘫痪了，他无法离开，已经在旧沙发上躺了数月。他曾在皇家医院被诊断为无法彻底治愈，但幸运的是，在一般照顾下可以活几年。他本来也可以被送往 Crumpsall 当地的医院接受治疗，在那里他将有护士的专业照顾和有营养的食物。他不仅不担心济贫医院，并表示如果有任何治愈希望的话他都愿意去那里。他对皇家医院提供的治疗表示非常感谢。他和妻子决定在他活着的日子里要在一起，他不愿意去舒适的医院，而妻子也不愿意他离开自己。妻子在这个院子里置办了他们的家，夫妻俩在一个房间里工作，另一个房间留给他们的四个孩子住。她每周可以赚 5 先令，她最大的儿子每周可以赚 5 先令或者更多。在他们花费 2 先令 6 便士的煤钱和电费后，还可以剩下 10 先令。当情况开始好转后，他们决定将两个孩子送去斯文顿学校。这是一个简单且非常普通的故事。但是是什么影响了这位妻子的工作呢？她很少对她的邻居说。她崇高的目标和她对丈夫与孩子的贡献使别的女人们感到羞愧，使男人们希望自己也能配得上像她这样的女人。除了将自己的一生交给自己的丈夫和孩子之外，她对自己做的事情没有任何想法，她也不知道“潜移默化的影响”是什么，但她依然是黑暗里的一颗闪耀的明星。

另一个例子。一个曾经工作了四十多年劳工的老人，他从来没有赚取每周超过 20 先令的工资，他最后一个雇主给他一周 5 先令的报酬，他抚养了三个儿子（现在有体面的工作，已经结婚，有自己的家庭），现在他已经无法再工作了。他的儿子帮他支付房租，他们来看他时也偶尔给他 1 先令，这些是他和妻子所有的收入。不久前，他在街上遇到一个年轻女孩，他认出她是一个曾和他一起工作的男人的女儿。他发现她为了达到目的而做出不道德的行为，他告诉她，他是多么遗憾看到她过着这样的生活。当她表现出遗憾和悔悟时，他把她带回家，与妻子一起照顾她直到他找到她父亲。后来他才知道，女孩的父亲已经离开曼彻斯特去了伯里。在一个星期天，他期望可以找到女孩的父亲，于是走了 7 英里[①]到伯里去找他以前的老伙伴，但他没能说服女孩的父亲带女儿回家。事实上，女孩的父亲很生气，并且拒绝

① 1 英里约等于 1 609 米。

听他讲关于女儿的事情。老人回去告诉妻子，那个女孩得跟他们住在一起，下个星期天他会再去试一试。到了星期天，老人再一次去伯里拜访女孩的父亲，这时女孩的父亲态度有些缓和，但他依然拒绝见女儿。老人和妻子觉得这个女孩应该和他们在一起，并决定再一次去见女孩的父亲。这次女孩的父亲退让了，女孩在周一的时候回到了自己的家，并找到了一份稳定的工作。老人和他的妻子不知道，对于一个贫穷的小女孩，他们已经做了非常不寻常的事情，或者说他们不知道他们所做的已经超出了任何应该做的事情。

——Alexander M'Dougall：《酗酒和贫穷》

译后记

提起社会工作，大家可能都会想到玛丽·埃伦·里士满。里士满作为社会工作学者先驱，其对社会工作的贡献卓越。然而，她的著作却鲜少被翻译为中文，为大家所熟知。

《贫民中的友善探访——慈善工作者手册》一书凝练了里士满长期从事慈善工作的精华。她在贫困家庭成员改变、贫困家庭能力提升、贫困社区环境改善、教会救济缺陷以及友善探访的意义等方面，为当时从事慈善救助工作的人们提供了具体而实用的指导。在这本书中，从慈善工作者（charity worker）到慈善探访员（charity visitor）再到友善探访员（friendly visitor），在不断变化的工作者身上已经可以看到社会工作者（social worker）的影子。

本书写于 1899 年，时至今日，书中很多理念和方法依然具有重要的现实意义，适用于当代社会工作实务过程，这不得不使我为里士满的细腻和远见感到叹服。同时，书中提到的一些协会、组织目前依然存在，今天这些协会、组织的工作与百年前有何异同，也引起了我极大的兴趣。

翻译当是苦差事，但我在翻译本书时，也体会到了许多乐趣。为了能够更接近原著的意思，我在翻译的过程中查阅了相关历史文献，对慈善救济工作的演变有了更为深刻的认识和理解。另外，书中关于友善探访员的一些阐释，以及一些鲜为人知的报告，无不使我感到既熟悉又新鲜，既凿凿有据，又趣味盎然。

译毕本书，仍心有不安。第一次做翻译工作，而且是里士满的著作，确有惶惶之心。在此要感谢我的导师张昱教授，感谢他的悉心教诲和鼓励支持并对本书做了审阅。感谢美国休斯敦大学的 Patrick Leung 教授在一些专业术语翻译上给予我的指导和帮助。特别是在书名的确定上，我一直纠结用“友好访问”还是“友善探访”，Patrick Leung 教授给出了“友善探访”的建议。最终，我将书名译为“贫民中的友善探访——慈善工作者手册”。感谢华东理工大学出版社刘军主任和牟小林编辑，感谢他们的珍贵建议和精心编辑，为本书的出版付出了艰辛的劳动。感谢我的家人，他们在生活上和精神上为我提供了诸多支持和鼓励。本书可能有很多不足之处，烦请大家批评指正。

康　姣

2017 年写于上海

内容提要

里士满努力对前人认为有效的方法进行解释并传承给从事慈善组织事业的人们。为此，在本书中，里士满借用小说引出关于贫困救济的慈善工作必须以探访调查的情况为依据。与传统的慈善工作不同，本书描述的慈善工作并非只是以个人为中心的慈善救济，而是一种结合个人、家庭和环境的多层次探访救济工作。书中通过对友善探访员工作经验的总结，提出针对贫困的慈善工作，友善探访员需要着重关注养家糊口的人、家庭主妇、儿童、家庭、支出和储蓄、娱乐、救济等方面的具体情况。通过探访调查，本书为当时从事慈善救助工作的人们在促进贫困家庭成员改变、提升贫困家庭能力、改善贫困社区环境等方面提供了具体而实用的工作指导。本书不仅是慈善组织工作中友善探访员的重要工作指引，亦是里士满从整体环境考察贫困成因并提供帮助的初步探索。在本书中，从慈善工作者到慈善探访员，再到友善探访员，在不断变化的工作者身上可以逐渐看到社会工作者的影子。

青少年司法社会工作：上海探索

费梅苹　主编

华东理工大学出版社
EAST CHINA UNIVERSITY OF SCIENCE AND TECHNOLOGY PRESS
·上海·

图书在版编目(CIP)数据

青少年司法社会工作 ：上海探索 / 费梅苹主编. 上海 ：华东理工大学出版社，2024. 11. -- ISBN 978-7-5628-7075-3

Ⅰ. D922. 74；D669. 5

中国国家版本馆 CIP 数据核字第 202404ED49 号

策划编辑 / 刘　军
责任编辑 / 章斯纯
责任校对 / 张　云
装帧设计 / 徐　蓉
出版发行 / 华东理工大学出版社有限公司
地址：上海市梅陇路 130 号，200237
电话：021－64250306
网址：www.ecustpress.cn
邮箱：zongbianban@ecustpress.cn
印　刷 / 南通印刷总厂有限公司
开　本 / 710 mm×1000 mm　1/16
印　张 / 24.5
字　数 / 337 千字
版　次 / 2024 年 11 月第 1 版
印　次 / 2024 年 11 月第 1 次
定　价 / 168.00 元